本物の長期投資でいこう!

40年に一度の大チャンスがやってくる

さわかみ投信創立者
澤上篤人
×
複眼経済塾塾長
渡部清二

はじめに

《澤上篤人》

いよいよ、これからは本物の長期投資の時代だぞ。それも、個別株をていねいにリサーチして投資するアクティブ運用の出番だ。

そう考えていた矢先、本書の企画が舞い込んできた。ちょうどいい、やりましょうで即座に引き受けた。

1年半ほど前から広がりだした世界的なインフレ圧力は、案外と根が深くしぶとい。そう簡単には収まりそうにない。今後の展開次第では、1973年10月の第一次石油ショック以来、50年ぶりの本格的なインフレ到来となっていく可能性すら否定できない。

そうなると、世界各国はインフレ退治に注力せざるを得ない。現に、米国FRBは昨年の3月から矢継《やつ》ぎ早《ばや》に政策金利を4・5%も引き上げた。最近ややインフレ鎮静化をいう声も上がってきているが、賃上げ上昇圧力などは収まりそうにない。

ヨーロッパ中央銀行や英国のイングランドバンクでも、インフレ圧力を抑え込むべく政策金利引き上げのピッチを上げている。日本ではあまり報道されないが、ヨーロッパのインフレ率は米国より高い。ロシア軍のウクライナ侵攻もあるが、エネルギーや食料といった面でヨーロッパは米国よりも脆弱《ぜいじゃく》な面は否定できない。

一方、ひとり金融の大幅緩和政策に固執している日銀だが、大河の流れに逆らっているようなもの。国内の物価上昇も4％を超えてきており、いずれは流されるだけ。その時は、日本の金利は一気に吹き上がろう。


金利がここまで上昇してくると、史上空前の世界的な金融緩和で踊ってきた金融マーケットや企業経営に影響が及んでくるのは避けようがない。現に、米国の債券市場は昨年の2022年に18％を超す下げとなっている。

当然のことながら、ここまでの金利コスト上昇分だけでも企業経営に重くのしかかってくる。それがジャンク債など低格付け債を発行している企業の経営を襲うと、デフォルト（債務不履行）発生となり、債券価格全般の急落につながっていく。

債券市場が大きく崩れると、債券の流通利回りは急上昇する。それを市場金利の上昇というが、一度始まるともう止めようがない。その時は、もはや政策金利がどうのこうのなど太刀打ちができない。あっという間に、金利水準全般が跳ね上がっていく。

かりに日銀の金融緩和政策がそこまで保ったとしても、市場金利が上昇しだすと一巻の終わり。なにがなんでも金利を上昇させまいとするYCC（イールド・カーブ・コントロール）政策とかで、国債を買いまくってきた日銀は、巨額の投資評価損と支払い金利急増とで、のたうちまわろう。

一方、世界的な金利上昇は企業経営にもじわじわと影響が及んでいっている。とりわけ、ゼロ金利で資金はいくらでも借りられるといった、超のつくほど甘い経営環境にどっぷり浸ってきた企業群はきつい。

いわゆるゾンビ企業群だ。これらゾンビ企業が金利コスト上昇で次々と経営不振や倒産に追い込まれだすと、株式市場は大荒れとなる。日経平均などインデックスの価格も、それら石コロ企業群の転げ落ちに引きずられて、ガタガタに崩れ落ちていく。

そのような展開ともなってくれば、経営基盤の確《しっか》りした企業の株価だけが水面上に浮いているといった市場環境となっていこう。いわゆる玉石混交で買い上がってきた株式市場で、石コロ企業群が淘汰されていき、玉《ぎょく》といえる企業群だけが残る図式だ。

もっとも、その前に空前の金融緩和政策に乗ってきたカネ余りバブル相場が崩れ出していよう。つまり、世界の債券や株式市場全般がドスーンと下げるわけだ。その大きなふるい落しの先に、玉と石コロとの選別が始まるのだ。

多くの投資家が吹き飛ばされよう。それは個人投資家だけではない。年金などを運用している機関投資家も同様にバブル崩壊の地獄に叩き落されることに。

機関投資家は運用のプロといわれるが、ひたすらマーケットを追いかけては、日経平均株価などのベンチマークからつかず離れずをもって運用しているだけ。たしかに、1秒間に1000回を超す売買を繰り返したりの高度なディーリング運用など、テクニックはすごい。

しかし、しょせんは株価動向を追いかけるだけのディーリング運用である。金融緩和バブルが吹き飛び、株式市場が大崩れしだしたら、一巻の終わり。彼らの運用とやらはマーケットと一緒に暴落相場のドロ沼に沈んでいく。

そうなってくると、本格派の長期投資家のみが生き残る。というか、1980年代からどんどん絶滅危惧種的な存在に追いやられてきた、われわれ長期投資家の復権だ。

長々と前口上を続けてきたが、ようやく本物の長期投資が真価を発揮する時が到来しようとしている。

折も折、本書の企画が持ち込まれた。タイミング良し、対談の相手の渡部さんも、これまた良しだ。

自分で言うのも妙だが、実に面白い一冊になったと思う。

澤上篤人

目次

- ◉国のやっていることは本質を考えていない。日本の将来を考え企業を応援し、自分のことは自分でやる。
- ◉国はゼロ金利にしたが、民間の預貯金に普通に金利がついていれば、日本経済は大きく成長したはずだ。
- ◉企業の本質は、「何でもって、世の中に評価されているか」だ。
- ◉地方には、昔の日本にいたような腹の据わった経営者がたくさんいる。
- ◉地方で頑張っている企業は現在、株価が安い。リサーチ能力を磨けば宝の山を買える。
- ◉悪い株主は、企業を食い物にして、時には潰してしまうこともある。

- ◉最大の反省はオリンパス。逆に、平気で長期投資家らしいことをしたのはブリヂストン。
- ◉任天堂はゲームには興味がないし、興味がないものはやらないと決めていた。俺は好き勝手選んでいるから。
- ◉まず自分があって、客観も良くて、もう一回自分に戻ってきて「いいんじゃない」という3段階。
- ◉本物の投資というのは、夢や想いのためにある。投資もどきとはまったく異なる。
- ◉「ビジネスラウンドテーブル」は行き詰まりから出てきた。しかし戻り方がわからなくなっている。
- ◉もどきを捨てて、本質一本で行けばいい。長期投資をやる限りにおいては、地方ほど有利。
- ◉「さわかみ投信」の成功は「俺がすごいんじゃなくて、長期投資がすごいだけ。本物のすごさ」。

序章

さわかみファンドVS複眼経済塾

本書では方法論よりも理念を語りたい。自分の好きな個別株に命をかけろと話したい。

澤上　本書の企画にあたり、編集サイドで、ありふれた株式投資のハウツーの本と同じ構成を立ててきたけれども、今回はそういうのはやりたくない。２人で本物の長期投資について話しているうちに、おのずから渡部さんの投資パターンが浮かび上がってくるし、俺のやり方が出てくるという対談にしたいわけ。

だから、株式投資の方法論やお勧めの個別株については直接は語りたくない。なぜかというと、２人が自分の投資方法をポンと出しちゃうと、それに読者は引きずられてしまうから。

渡部　なるほど。

澤上　「株式投資の方法論というか基本は、自分で考えることだ」

そういう方向で、この対談はいきたいわけ。自分で方法論を見つけたりするのも、株式投資の楽しみの一つであり、そこが勉強になるところだから。

方法論自体はどうでもいい。本書を読んだ人が自分で考えてもいいし、俺の方法でも渡部さんの方法でも、好きにマネてくれていい。方法論を言い出したらキリがない。いろいろな方法論があっていいのよ。大事なのは個別株投資なの。個別株投資が株式投資の本質なの。

渡部　おっしゃるとおりですね。

澤上　「いろいろな方法論があるよ」と。ただ、いつでも「丁寧に企業を追いかけようよ」ということなの。

自分で考え始めると、株式投資がどんどん面白くなる。すごい知的ゲームだからね。もう楽しくて止まらなくなる。そのことを、読んだ人にわかって欲しい。だから、渡部さんの考えもあり、それも話の中でおのずと出てくる。俺の考えも出てくる可能性がある。でも、それは直接出したくないんだよね。

長期投資は、自分の願う将来を実現したいという想いなんだから。方法論よりも、理念だという内容にしたいんだ。

渡部　私も、それがいいと思います。

澤上　さらに、お勧め株みたいな話をすると、底が浅くなる。そんなことが書かれている本を読んでも、株式投資の本当の面白さはわからない。本質論を語らないと、結局何も理解できない。理解できないと応用がきかない。

この本では、こういった本質論をどんどん語り合っていきたいね。

長期投資で面白いのは、個別株投資だよね。アクティブだよ。この面白さを、もっと大勢の人に知ってもらいたいね。特に、これからは面白くなる。

というのも、いまは猫も杓子《しやくし》もインデックスファンド（市場の動きを示す指数に連動した投資信託。以下、インデックス）だが、これから10年ほどは、冬の時代になると思うよ。なにしろ、インデックスは玉石混交の投資をしているのだから、いまの金融緩和バブルが弾けたら大変。石コロ企業が淘汰されていなくなるまでは、ずっと下がる。その間は、アクティブ投資の出番であり、アクティブが輝くわけ。

この対談は、ちょうどタイミングがいい。個別株投資がどんなに面白いか、2人で、どんどん、これでもか、これでもかと話し合おう。これまでの経験も含めて、たっぷりと語り尽くす。

現在、多くの人たちは、インデックス投資なんて、わけのわからないことをやっているわけよ。だけど、「株式投資の面白さは、そんなもんじゃないよ」と。この対談で、2人で個別株投資の楽しさを語り、真の長期投資は個別株投資にあることを理解してもらう。自分の応援銘柄、個別銘柄に、もっと命をかけろよ。そうすれば、株式投資が面白くて止まらなくなる。そんな話をしたい。

渡部　おっしゃるとおりですね。

澤上　これから株式市場は悪くなる。当然、インデックスはひどいことになる。個別株投資の時代が来る。今、この対談は、タイミングが最高だよね。

『会社四季報』の内容はすでに株価に現れていて、投資の役には立たない？

渡部　長期投資の話に入る前に、まずは、私の歴史というか、自己紹介から始めたいと思います。私は、１９９０年、平成2年に野村證券に入社しました。大学は、筑波大学の基礎工学類です。入社して最初の10年間は支店営業で、銀座支店で4年、長崎支店で3年半、そして日本橋の本店で2年半、中堅企業および個人投資家向け資産コンサルティングに従事しました。そして２０００年に機関投資家営業部に移り、12年間営業をしました。その後、左遷的な部署に移り、2013年に退社、まるまる1年間本当に無職でした。

澤上　ほおう。

渡部　そして、2014年に「四季リサーチ株式会社」を設立し、投資助言の資格を取り、機関投資家向けにアイデアを提供するということを祖業にしました。

それを実際にやってみると、自分のノウハウをもっとたくさんの人に、幅広く伝えたほうがいいのではと考え、証券マン向けの研修をしようと考えました。当時は8万人ぐらい証券外務員（顧客に対して金融商品の販売・勧誘等を行う者）がいるということでしたので、そのうちの1％ぐらいは意識が高い人たちがいるのではと考えたのです。

ところが、実際には意識の高い人の数が少なかったので、断念し、次は個人投資家の人たちに投資のやり方を教えようという形にしました。そのために、2016年に「複眼経済塾株式会社」を設立しました。

「複眼経済塾」の理念は、「自立した投資家を育てる」。これはまさに、先ほど澤上さんがおっしゃったように、「自分で考えろ」ということです。

澤上　証券会社の人間よりも個人のほうが、意識が高いよね。

渡部　おっしゃるとおりです。私の強みは3つあります。いずれも野村證券の上司に言われ、25年間ずっと続けていることです。一つは『会社四季報』全ページ読破する「四季報読破」で、2022年秋号でちょうど100冊目になりました。もう一つは、『日本経済新聞』の切り抜き、最後が毎日「指標ノート」を手書きでつけるということです。

実際、この3つを行うと、注目企業を自分で見つけることができるようになっただけでなく、話題も豊富になり、誰とでもコミュニケーションがとれるようになりました。「複眼経済塾」では、この3つを「投資の三種の神器」と呼んでいまして、「この3つを使って投資の方法を学ぶ」ということを行っています。

澤上　うんうん。

渡部　当初はなかなか会員が増えませんでした。コロナ前の2019年には毎月1万円を会費としていただくというビジネスモデルで、120人、130人しか会員はいなかったのですが、コロナになると、どん！　どん！　と増加し、一気に1100人まで増えました。

やっとお金がまわるようになり、システム投資をして、2022年7月に初心者クラスや上級者クラスをつくり、会費もサービスに応じて変えました。その結果さらに会員が増加し、2022年12月現在は、1200人ぐらいになっています。

澤上　なるほど。

渡部　「複眼経済塾」の最大のポイントは、『会社四季報』という本屋で普通に売っていて誰でも手に入れることができるものを使って、そこからアイデアを出すという方法です。なぜ、『会社四季報』か？　というと、一つは、これが二次情報であるということです。私が野村證券に勤めていた時に、「野村インサイダー事件」がありました。私はかかわっていませんが、まさにその部署にいたんです。その時に感じたのは、「知らず知らずのうちにインサイダー情報が耳に入ってしまうケースもある」ということです。場合によっては、これはとても危険だということです。とはいっても、インサイダーで情報を早耳で知ったからといって、何か得なことがあるかというと、何もないんですね。

それよりも、誰でも知っている公開情報の考え方を理解してそれを使えば、いくらでもいい銘柄や投資のアイデアが見つかる。だから、あえて二次情報を使って教えています。

こういう投資塾モデルは、恐らくほかにはありません。

澤上　ほおう。

渡部　私は、野村證券に23年いました。その経験でわかったのは、「金融とは何か？」というと、「簡単なことを専門用語で難しくお客さんに説明をし、お客さんは、『よくわからないからお金を預けますわ』となって、金融会社にサヤを抜かれてしまうものだ」ということです。結果的に、そうなっています。これは恐らくは、銀行、保険、証券すべて同じです。「複眼投資塾」では、これを逆にしようと考えました。「金融とはシンプルなので、誰でもできる、難しく考える必要はないんだ」と教える。そのことをわかってもらうために、誰でも手に入れることができる二次情報『会社四季報』を使う。

ここまでは、私が投資を教えているという説明なのですが、私は先ほども述べたように、野村證券に勤めていました。機関投資家営業部次席という役職を務めていた時は、営業のトップで世界の全機関投資家の動向を見られる立場にいました。当時、世界の機関投資家の数は約2000件でした。私は、すべてを見ることができる立場にいましたので、運用の世界もセルサイド（売る側）の視点として見てきました。また、個人営業も経験しましたので、個人投資家もセルサイドとして見てきました。現在は、投資助言のライセンスも取り、私自身も、法人も投資家ですから、投資家の視点も持っています。

つまり、個人投資家も、機関投資家も、セルサイドとして、バイサイド（買う側）として、その両方を見てきた人はほかにはいないのではと思っていますので、それも強みだと考えています。ちょっと話が長くなりました（笑）。

澤上　なるほど、渡部さんのことがよくわかりました。この対談は、こんなふうにお互いの話をしていくと面白くなりそうだね。

なぜかというと、今回のテーマは「長期投資」。しかし、俺が長期投資について話すのと、今渡部さんが話した内容とでは、まったく違ってくる。

それは、渡部さんは『会社四季報』を二次情報と呼び、その中からアイデアを発掘する努力をしているわけ。ところが、我々からすると、こういった二次情報はすでにほとんど株価に現れている。渡部さんは現れていないものを見つけるプロだけど、だいたいは株価となって出てしまっている。

だから、『会社四季報』は、会社の住所や役員構成を見る時には使わしてもらうが、内容は参考にしないというのが、我々の基本なのよ。

どういうことかというと、長期投資は、いつも10年、15年ぐらいの先を見て、会社の価値の高まりを予想して株を買う。要するに、「将来の納得に対して、現在の不納得で行動する」というのが投資の一番のポイント。時間軸が長い、だから長期投資なんだ。

はるかな将来を見る。つまり、2年や3年ではなく、5年、10年、15年ぐらいの、長い時間軸における会社の価値の高まりを読み込む。つまり、長期の視点で楽しみのある株を見つけるのよ。ずっと先になるが、この会社はいけるぞと。

なおかつ、行動するのは、現在の不納得でだ。将来的にはすごく良くなるという面白さがある会社なのに、現在は株価的にはボロクソ。業績なども、真っ黒けのボロボロの数字になっている。そのボロボロの状態で行動するのだ。

これが最高の投資パターン。将来の納得に対して現在の不納得が基本なのよ。

さわかみファンドは設立から、23年が経っている。その間、バブルには一切乗らず、例えばＧＡＦＡ（ガーファ）みたいなものも全部捨てて、それでも年率で約６％の運用成績を出している。まあまあの成績が出ていると思うよ。ところが、ポートフォリオを見ると、ゲテモノばかりが揃っている。「何だよ。こんなひどいもんばっかり買っていて大丈夫か？」と心配される。だけど、そのぐらいがちょうどいい。このパラドックス。

なぜこのパラドックスがいいのかといえば、投資の基本は将来の価値を早めに読み込むことなんだから。そうでないと話にならない。どんなに面白みのある株であっても、みんなが「すごい。すごい」と褒《ほ》め称《たた》えてくれるのなんて、すでに株価に現れてしまっているわけよ。それでは、高値づかみするだけで、もう投資にならない。

やっぱり、「すごく価値があるのに、こんなにも面白いのに、どうしてみんなは気づいていないのだろう?」とか、「見捨てているの?」とか、このパラドックスが長期投資の最高の妙味になる。これを「さわかみファンド」は追求しているわけよ。

渡部 なるほど。

澤上 自分は、もう51年間も投資運用をやってきて、機関投資家とも長いこと大勢付き合ってきたけれども、彼らは駄目だな。連中は本当の株式投資をしていないんだから。要するに、マーケットを追いかけては、ディーリング(株価など価格が上下に変動するのを、的確にとらえて売買しては利ざやを抜いて儲ける行為)をやっているのよ。そんなもの、マネーマネジメント、資金運用なの。投資運用じゃないよ。ひたすら、マーケットに追いついていくだけ。まともに企業リサーチもしていない。そういう人たちと話しても時間の無駄。

だから、機関投資家とは付き合ってはいない。「さわかみファンド」は、機関投資家の顧客は一切必要なし、年金もすべて受けない。金儲けでギラギラしている個人投資家とも縁はない。一緒に長期投資を追求したいのは、預金ばかりしていて、投資も何も知らなかった普通の人たちよ。彼らに、まっさらな状態で、本物の長期投資を見てもらう。「こんなに面白いよ」ということを、わかってもらえればいいかな、だ。営業もしないし、広告宣伝もやらない。本物の長期投資という方向性を話して、結果だけで勝負する。その結果を

「よし」と思ってくれる人たちに来てもらえたらいいなあ、という格好でやっている。渡部さんとは、だいぶアプローチが違うでしょ？　だけど、こういうふうに話していくと、話が深まり、この対談は面白くなる。

別に俺は、渡部さんのやり方が駄目だと言っているわけではないよ。渡部さんが教えていることは生徒にちゃんと活きているし、1200人ものお客さんがおられることは、かなりすごいことだもの。

長期投資は農業と同じ。種を蒔《ま》き、時間と手をかけて収穫の時を待つ。

渡部　要するに「機関投資家は株価の動きしか見ていない。長期投資というのは、子供を育てるのと同じで、会社自体を見ている。投資家は会社が成長することに期待している」ということですね。

澤上　おっしゃるとおり。農業と同じなんよ。お米づくりは100日かかるわけだよね。春まだきの頃に耕して、土に空気を混ぜてやって、水を張っておくわけ。一方で、苗代《なわしろ》をつくって種から苗を育てる。春から初夏にかけて水がぬるんできた頃に、準備していた田んぼに植え替える。

田植えをしたあとも、ずっと雑草を刈りながら梅雨時にたっぷりに水をいただいて、7月、8月の日照りの太陽をいっぱいに浴びて、稲を大きく育てる。秋になってだんだん実ってくるのを待つ。実る楽しみがある。そして、やっと稲刈り。

長期投資はこれと同じなんよね。時間がかかる。かかって当たり前なんよ。でも、ちゃんと種を蒔いているからこそ、収穫がある。ものすごい凶作でも、ある程度は実る。豊作だったら、嬉しい。どのくらいの結果になるかは、わからない。

けれども、種を蒔かんかったら、収穫はない。同時に、時間をかけないと、収穫も得られない。米づくりは、将来の収穫のために、大事に大事に、雑草を刈ったり、お天道様に拝んだりしながら、秋の収穫を待つ。それで、収穫が終わったら秋祭りをする。一年間の時間と手間がかかる作業なのよ。

長期投資とは、本来は米づくりと同じ。それを、渡部さんは職人的に教えているから、面白いよね。

渡部　もちろん私も、長期を基本に考えて投資を教えています。図1を見ていただけますか。

実は最初の会社・「四季報リサーチ」を始める前に、私はこのグラフを一年かけてつくりました。私は神社検定とか日本史検定を持っているほど、もともと日本の古来からの歴史が好きなんです。戦後の株式市場の動きは簡単に勉強できるのですが、戦前がよくわからない。野村證券でも「戦前にも株式市場はあったらしいけれども、具体的なことはわからない」と言われていたので、自分でつくってみました。

戦前には、現在の日本株式市場が目安としている日経平均はなく、東京株式取引所（通称「東株」）の株価を目安としていました。これが戦前は続いていたので、すべてチャート化しようと考えました。国会図書館でデータをバラバラに取ってきて、増資にともなう新株割当で増加した株数で修正して、計算し、全部自分でつなげました。このチャートにより、日本に株式市場が誕生した1878年9月16日から現在までの株価の推移を見ることができます。

澤上（感心して）この東株のほうのグラフは、よくつくったね。明治大学の三和裕美子先生と「I-Oウェルス・アドバイザーズ」の岡本和久さんの「三和・岡本日本株価指数」（1878年から1951年に至るまでの株価指数）ができたのが2021年だから、渡部さんのほうが先だね。

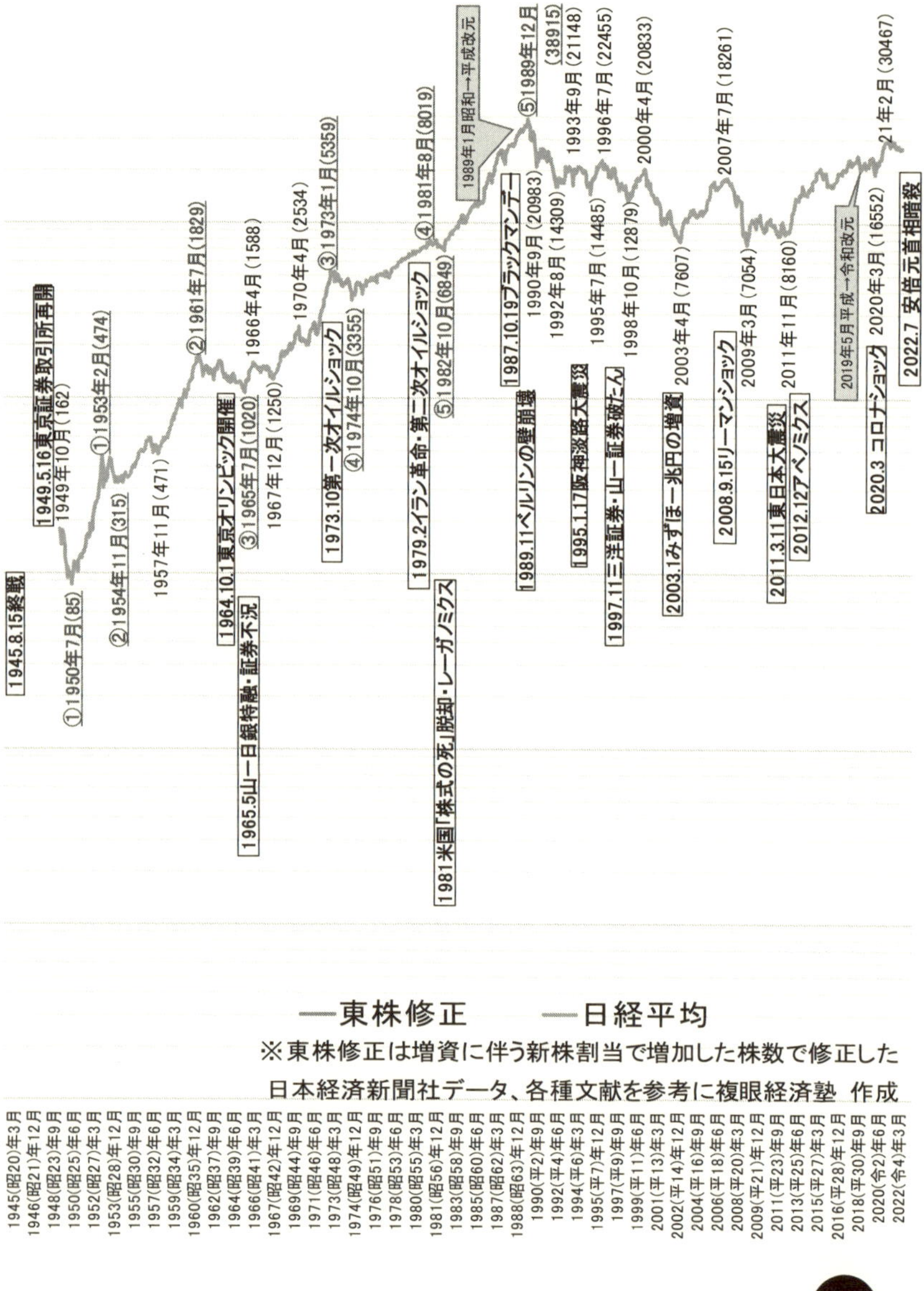
1945.8.15終戦
①1950年7月(85)
1949.5.16東京証券取引所再開
1949年10月(162)
①1953年2月(474)
②1954年11月(315)
1957年11月(471)
②1961年7月(1829)
1964.10.1東京オリンピック開催
1965.5山一日銀特融・証券不況
③1965年7月(1020)
1966年4月(1588)
1967年12月(1250)
1970年4月(2534)
③1973年1月(5359)
1973.10第一次オイルショック
④1974年10月(3355)
1979.2イラン革命・第二次オイルショック
④1981年8月(8019)
⑤1982年10月(6849)
1981米国「株式の死」脱却・レーガノミクス
1989年1月昭和→平成改元
1987.10.19ブラックマンデー
⑤1989年12月(38915)
1989.11ベルリンの壁崩壊
1990年9月(20983)
1992年8月(14309)
1993年9月(21148)
1995.1.17阪神淡路大震災
1995年7月(14485)
1996年7月(22455)
1997.11三洋証券・山一証券破たん
1998年10月(12879)
2000年4月(20833)
2003.1みずほ一兆円の増資
2003年4月(7607)
2007年7月(18261)
2008.9.15リーマンショック
2009年3月(7054)
2011.3.11東日本大震災
2011年11月(8160)
2012.12アベノミクス
2019年5月平成→令和改元
2020.3 コロナショック
2020年3月(16552)
21年2月(30467)
2022.7 安倍元首相暗殺
—東株修正 —日経平均
※東株修正は増資に伴う新株割当で増加した株数で修正した
日本経済新聞社データ、各種文献を参考に複眼経済塾 作成
1945(昭20)年3月
1946(昭21)年12月
1948(昭23)年9月
1950(昭25)年6月
1952(昭27)年3月
1953(昭28)年12月
1955(昭30)年9月
1957(昭32)年6月
1959(昭34)年3月
1960(昭35)年12月
1962(昭37)年9月
1964(昭39)年6月
1966(昭41)年3月
1967(昭42)年12月
1969(昭44)年9月
1971(昭46)年6月
1973(昭48)年3月
1974(昭49)年12月
1976(昭51)年9月
1978(昭53)年6月
1980(昭55)年3月
1981(昭56)年12月
1983(昭58)年9月
1985(昭60)年6月
1987(昭62)年3月
1988(昭63)年12月
1990(平2)年9月
1992(平4)年6月
1994(平6)年3月
1995(平7)年12月
1997(平9)年9月
1999(平11)年6月
2001(平13)年3月
2002(平14)年12月
2004(平16)年9月
2006(平18)年6月
2008(平20)年3月
2009(平21)年12月
2011(平23)年9月
2013(平25)年6月
2015(平27)年3月
2016(平28)年12月
2018(平30)年9月
2020(令2)年6月
2022(令4)年3月

複眼経済塾作成 **図1**

日本の株式市場145年チャート

戦前：東株修正株価、戦後：日経平均株価

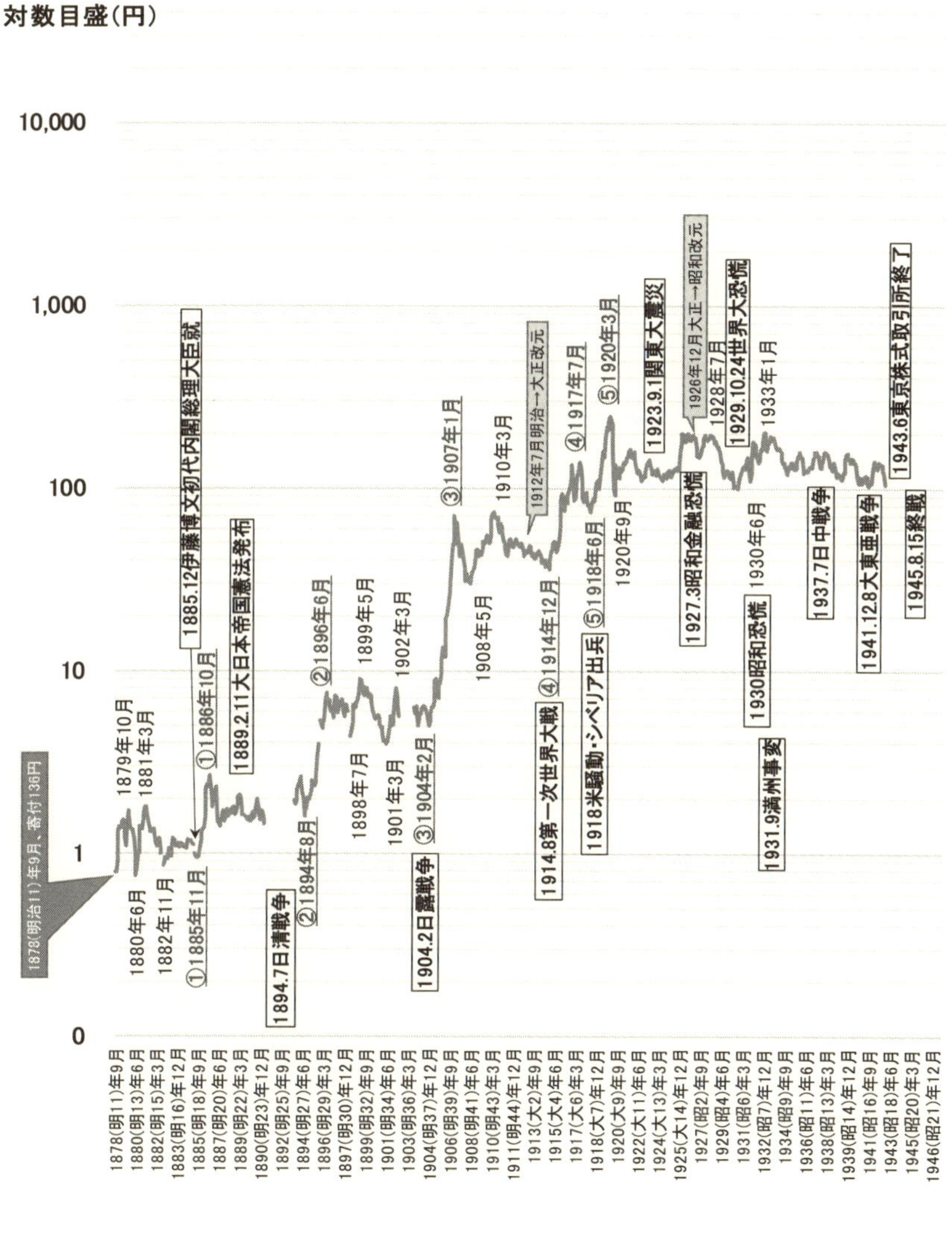

渡部　そうなんですよ。私がこの資料をつくったのは２０１３年です。

澤上　これは対数でチャートにしたの？

渡部　対数でつなげると形が見えてくるみたいな感じなんです。

澤上　これはすごい。

渡部　『会社四季報』一冊で見ることができるのは、断面です。私は１００冊完全読破して、25年間の断面を見てきたのですが、このチャートは日本の株式市場１４４年の断面を見ることができるツールなんです。

『会社四季報』は「歴史」「流れ」を意識して読むと、株式市場が生き物として見えてくる。

渡部　トヨタのチャートもつくりました（図２）。証券会社のデータベースから普通にデータを取ると、１９７１年からになってしまいますが、これは１９５０年から取っています。

それがなぜできたのかというと、『会社四季報』が85年の歴史があるからなんです。ですから、過去を遡《さかのぼ》って見に行く作業をしています。

そのため、私は体験していませんが、長いサイクルも、ある程度、聞けばわかるところはあると思います。トヨタは『会社四季報』を1ページずつ追いかけていって、株配や株式分割などを全部調整してつなげました。

澤上　すごい。

渡部　まさに、澤上さんがおっしゃるとおり、誰も見ない時に投資をするんだ、という意味では、1950年6月がトヨタ自動車（当時はトヨタ自動車工業）の、ど安値なんですね。株価は一株23円50銭。

これがとにかく戦後のど安値で、1950年6月に発売された『会社四季報』第3集のコメントが非常に面白くて、「経営合理化のための二工場閉鎖、一千六百名の人員整理、一割賃下案をめぐって争議中。しかし三首脳の辞任（後略）」、【前途】には「わが自動車工業の前途は楽観を許さぬものがある。当社の再建も容易ではない」と書かれています（図3）。ただ実は、ここで買っておき、トヨタが最高値をつけた2022年1月まで持ち続けたとしたら、同社の修正株価（株式分割を考慮した株価）は18万倍になっているんです。物価を考慮しても約1万1700倍です。ちなみに日経平均は、1989年の最高値、3万8915円までで、456倍です。トヨタを買ってずっと持っていたほうが、はるかに

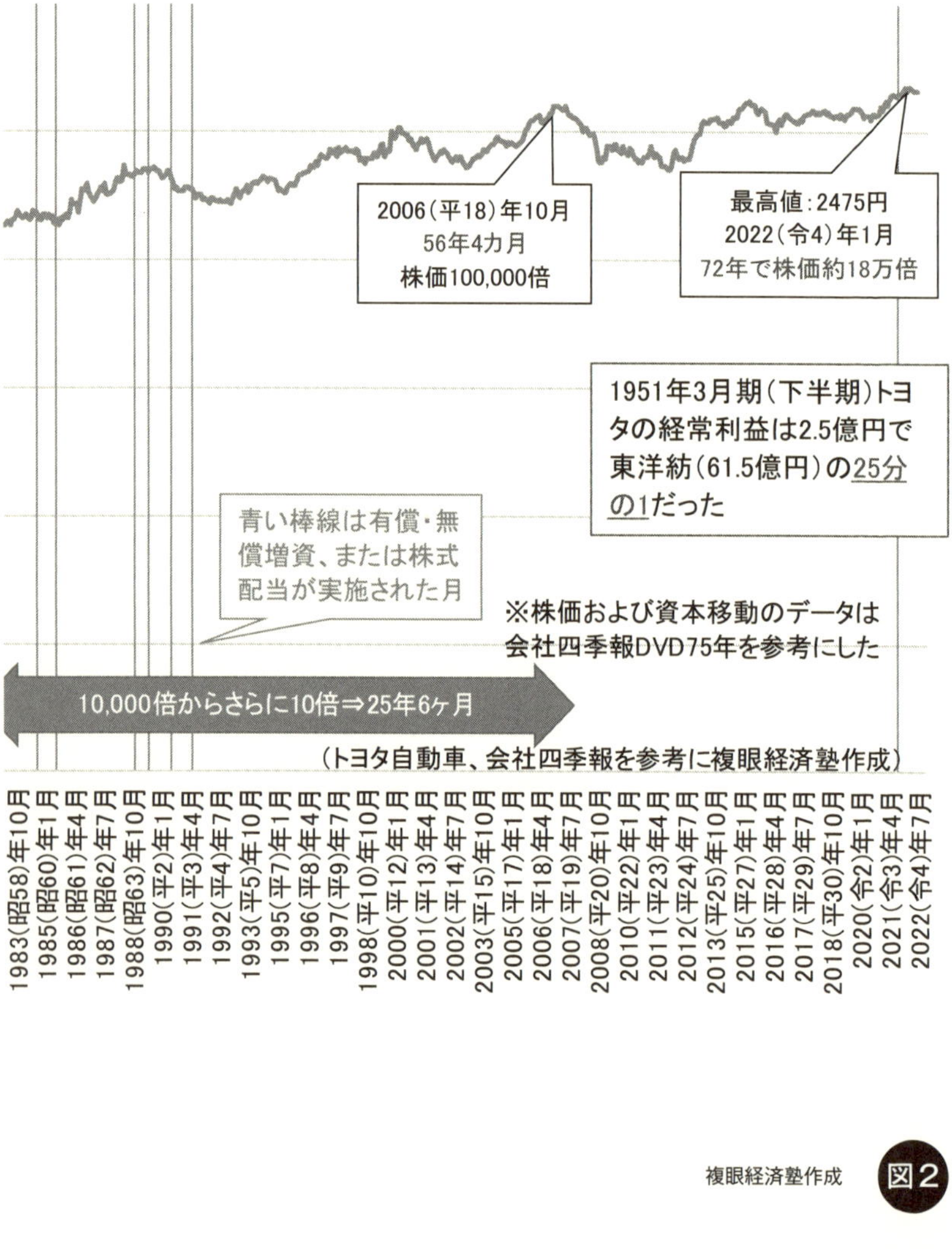
2006(平18)年10月
56年4カ月
株価100,000倍
最高値:2475円
2022(令4)年1月
72年で株価約18万倍
1951年3月期(下半期)トヨタの経常利益は2.5億円で東洋紡(61.5億円)の25分の1だった
青い棒線は有償・無償増資、または株式配当が実施された月
※株価および資本移動のデータは会社四季報DVD75年を参考にした
10,000倍からさらに10倍⇒25年6ヶ月
(トヨタ自動車、会社四季報を参考に複眼経済塾作成)
1983(昭58)年10月
1985(昭60)年1月
1986(昭61)年4月
1987(昭62)年7月
1988(昭63)年10月
1990(平2)年1月
1991(平3)年4月
1992(平4)年7月
1993(平5)年10月
1995(平7)年1月
1996(平8)年4月
1997(平9)年7月
1998(平10)年10月
2000(平12)年1月
2001(平13)年4月
2002(平14)年7月
2003(平15)年10月
2005(平17)年1月
2006(平18)年4月
2007(平19)年7月
2008(平20)年10月
2010(平22)年1月
2011(平23)年4月
2012(平24)年7月
2013(平25)年10月
2015(平27)年1月
2016(平28)年4月
2017(平29)年7月
2018(平30)年10月
2020(令2)年1月
2021(令3)年4月
2022(令4)年7月

複眼経済塾作成　図2

トヨタ自動車の戦後の修正株価チャート（1950-2022年、対数グラフ）

※有償・無償増資、株式配当、株式分割を全て修正している

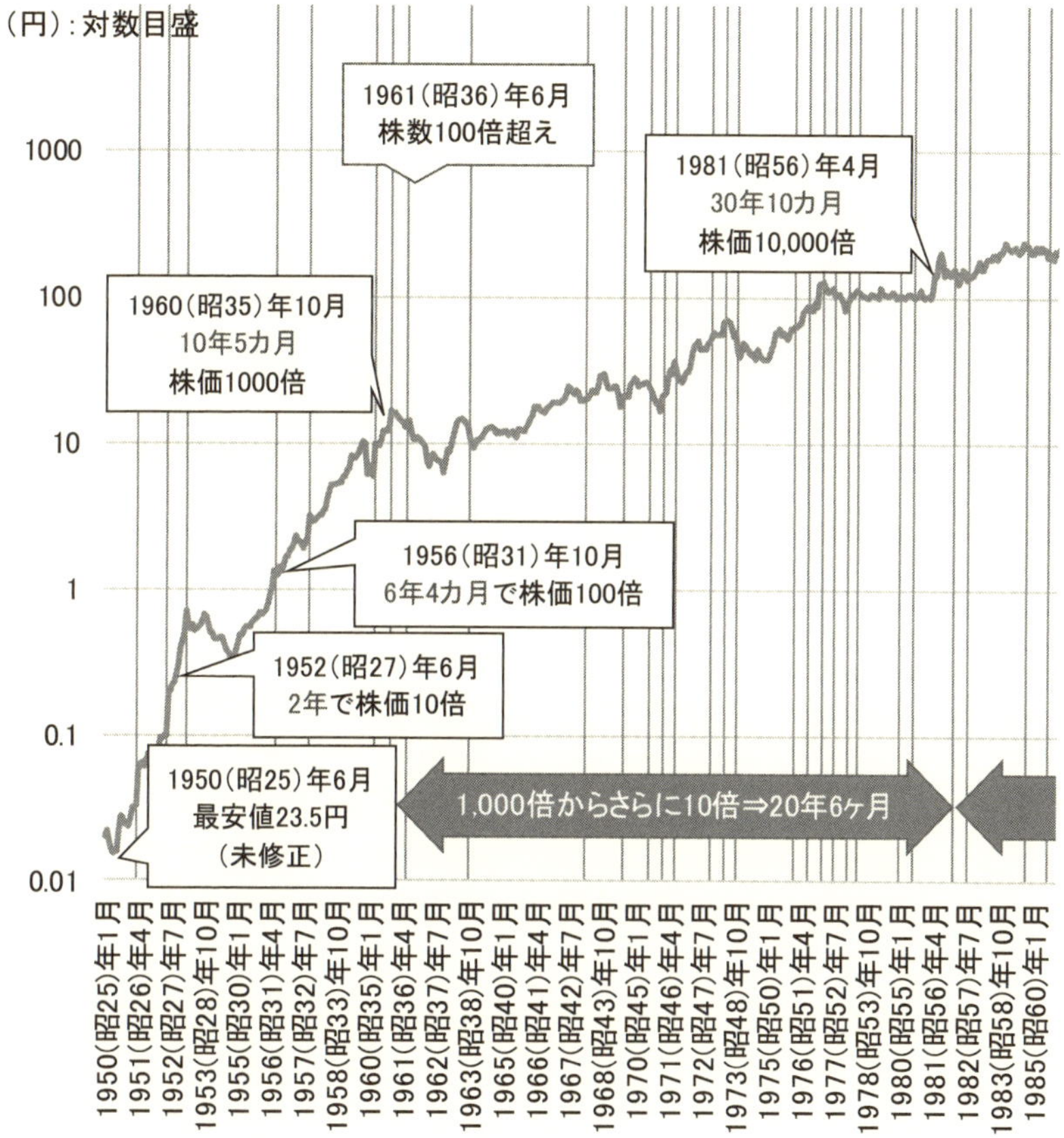

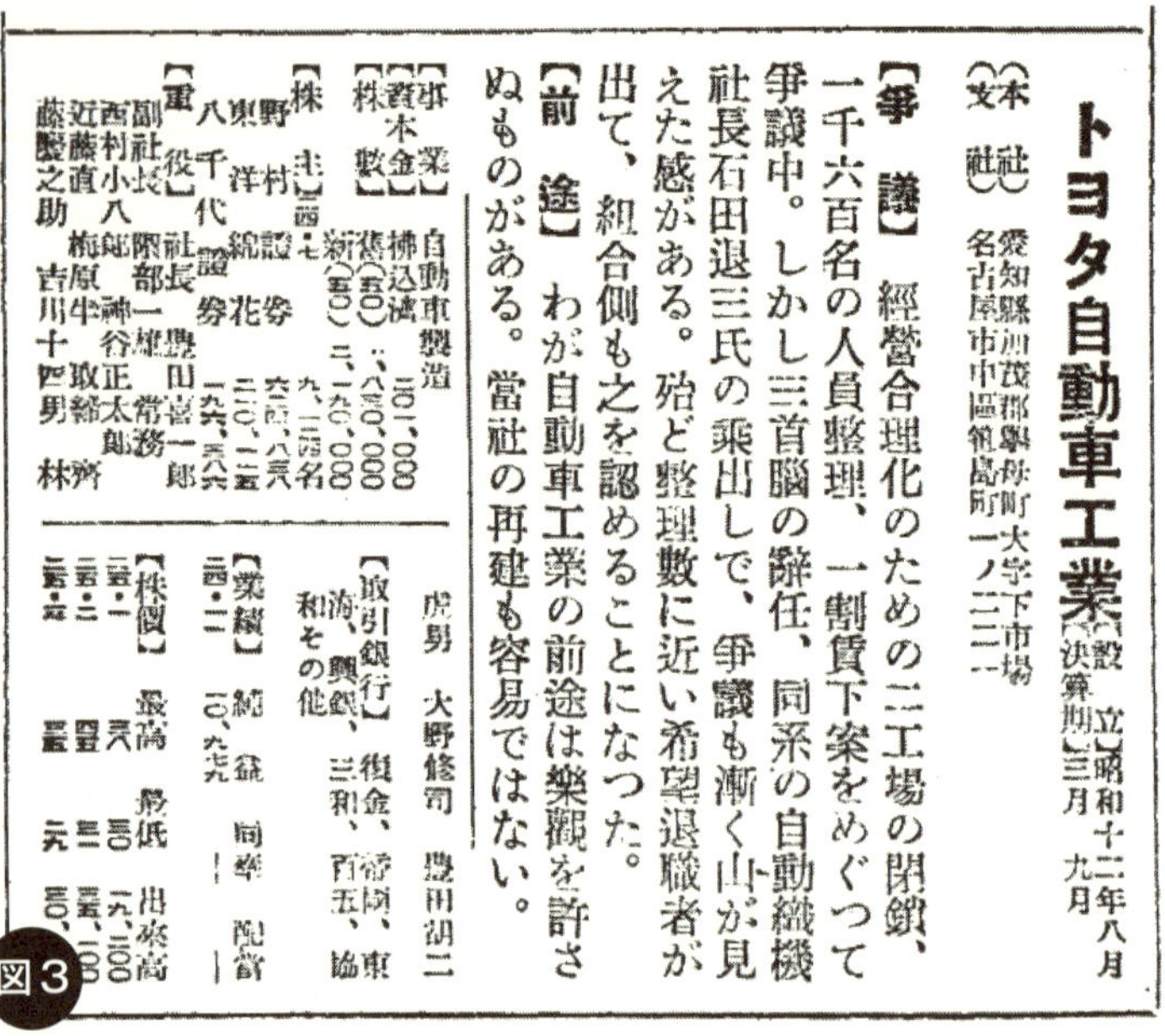
トヨタ自動車工業【設立】昭和十二年八月【決算期】三月 九月

【本社】愛知縣西加茂郡擧母町大字下市場
【支社】名古屋市中區[illegible]一ノ三二

【爭議】經營合理化のための二工場の閉鎖、一千六百名の人員整理、一割賃下案をめぐつて爭議中。しかし三首腦の辭任、同系の自動織機社長石田退三氏の乘出しで、爭議も漸く山が見えた感がある。殆ど整理數に近い希望退職者が出て、組合側も之を認めることになつた。

【前途】わが自動車工業の前途は樂觀を許さぬものがある。當社の再建も容易ではない。

【事業】自動車製造
【資本金】拂込濟 [illegible]
【株數】舊(五〇) [illegible] 新(五〇) [illegible]
【株主】[illegible] 野村證券 東洋綿花 八千代證券
【重役】[illegible]

【取引銀行】復金、帝國、東海、興銀、三和、[illegible]、協和その他
【業績】[illegible]
【株價】[illegible]

図3

儲かっている。これが個別株投資のすごさです。

澤上さんがおっしゃったように、長期投資の醍醐味はここにあるんですよ。私は、『会社四季報』を字面《じづら》だけ読んでいるわけではなく、こういった流れも見ながら銘柄を発掘しています。

澤上 なるほど。

渡部 例えば、塾生には「コメントが全部悪い銘柄は買いだ」と教えています。「複眼経済塾」では、『会社四季報』のこういった使い方を教え、株式投資の考え方を教えています。

澤上 そういう意味では、渡部さんは、教育伝道師として素晴らしい。しかも

説明がわかりやすい。

渡部　文化という面では、我々はフィールドワークも大切にしています。野村證券では23年間、頭でっかちの机上の空論をやっていたのが恥ずかしくて、辞めてから最初にやったのが「株主総会に行きましょう」と「企業の原点を全部回ってみよう」という行動です。「企業の原点」は、これまで60カ所を回りました。最初に行ったのが茨城県日立市にある日立創業の掘っ立て小屋で、ここが日立製作所の発祥の地。次がトヨタ自動車の発祥の地。続けて、住友グループの原点である別子銅山から東洋一の亜鉛鉱山「神岡」など、さまざまな場所に行きました。

4番目に行ったのが、日本の株式市場の父・渋沢栄一の深谷駅、富岡製糸工場、生家、渋沢栄一記念館で、この時にはまだお札になることも、ドラマになることも決まっていませんでした。

ただ、結果論として、先見の明があったという（笑）。「複眼経済塾」は、定量と定性、フィールドワーク、先ほどお話しした歴史……こういったものを重視して、自分の好きな企業を応援しようという方法をとっています。

私は、この延長線上に「投資ツーリズム」というものを考えています。投資も最初は、

「儲けた」「儲からない」でいいと考えています。しかし、そうはいっても、会員のみなさんは知的好奇心も非常に高いので、いずれ、「この企業って、どういう歴史だったっけ?」と考えた時に、私たちが行っているフィールドワークがモデルとなり、自分で各地を回れるようにしたい。投資人口が増え、みんなが投資先の会社の原点を回るようになると、投資からのツーリズムが生まれ、地方創生になるのではと願っています。

あとになってエピソードがついてくるのは長期投資の醍醐味。

澤上　面白いねえ。渡部さんの話には「なるほどな」というものがいっぱいある。すごい力技でようやっているねえ。

渡部さんの話に、渋沢栄一があとで話題になったというのがあったけど、〝あとになってエピソードがついてくる〟というのが、長期投資の醍醐味なのよ。

どんどん時間が経っていく。時間が経ってきた時に、「おっと、これって俺、確か、3年前に議論していたな」とか、「えー、これは4年前にやってたぞ」「これは……」というふうに、長期投資では現実があとからついてくるぐらいが、ちょうどいい。
そのぐらい、将来の納得に対して、好奇心も含めて、なんだかんだ、ああだ、こうだと読み込みをしていくわけ。

渡部　あとから話題になると、嬉しいですものね。

個別株をしつこく追いかけていると、どこかで現在の「不納得」が「納得」に変わる時がある。

澤上　それからインサイダーの話題も出たが、自分も51年、52年やっているが、インサイダーはあり得ない。なぜかというと、マーケットを追いかけて、うまくサヤを抜こうと考えている連中からすれば、一刻も早く買わないといけないとなる。ところが我々は違う。価値の高まりを待つ。なおかつ、暴落を待つ。暴落が来た！　よし、ここでいこうと。
だからどんなインサイダー情報があっても、そこでは行動しないからインサイダーにはなり得ない。しばらく、場合によっては、2年後、3年後かもしれない。どこかで狙っていた株のすごい暴落があれば、よし、買おうか、そういう行動をとる。だから、インサイダーなんて無縁よ。渡部さんは、啓蒙も含めてやっている。すごくいいことだと思うよ。

渡部　長期投資は、「時間」と「企業の可能性」を味方につけることですから。

澤上　そう、長期投資は、ずっとしつこく追いかける、しつこくね。これはいけると思って買っているじゃないの。どこかでこれまでの不納得が、納得に変わる時があるんよ。

その時は、株価が10倍とか、20倍とか、当たり前なんよね。これが長期投資の醍醐味なんだよ。ちょこちょこ何%を追っかけるなんて、そんなのはつまらない。目指すは、先ほどのトヨタ自動車の18万倍とかなのよ。

第一章 本物の長期投資とは何か？

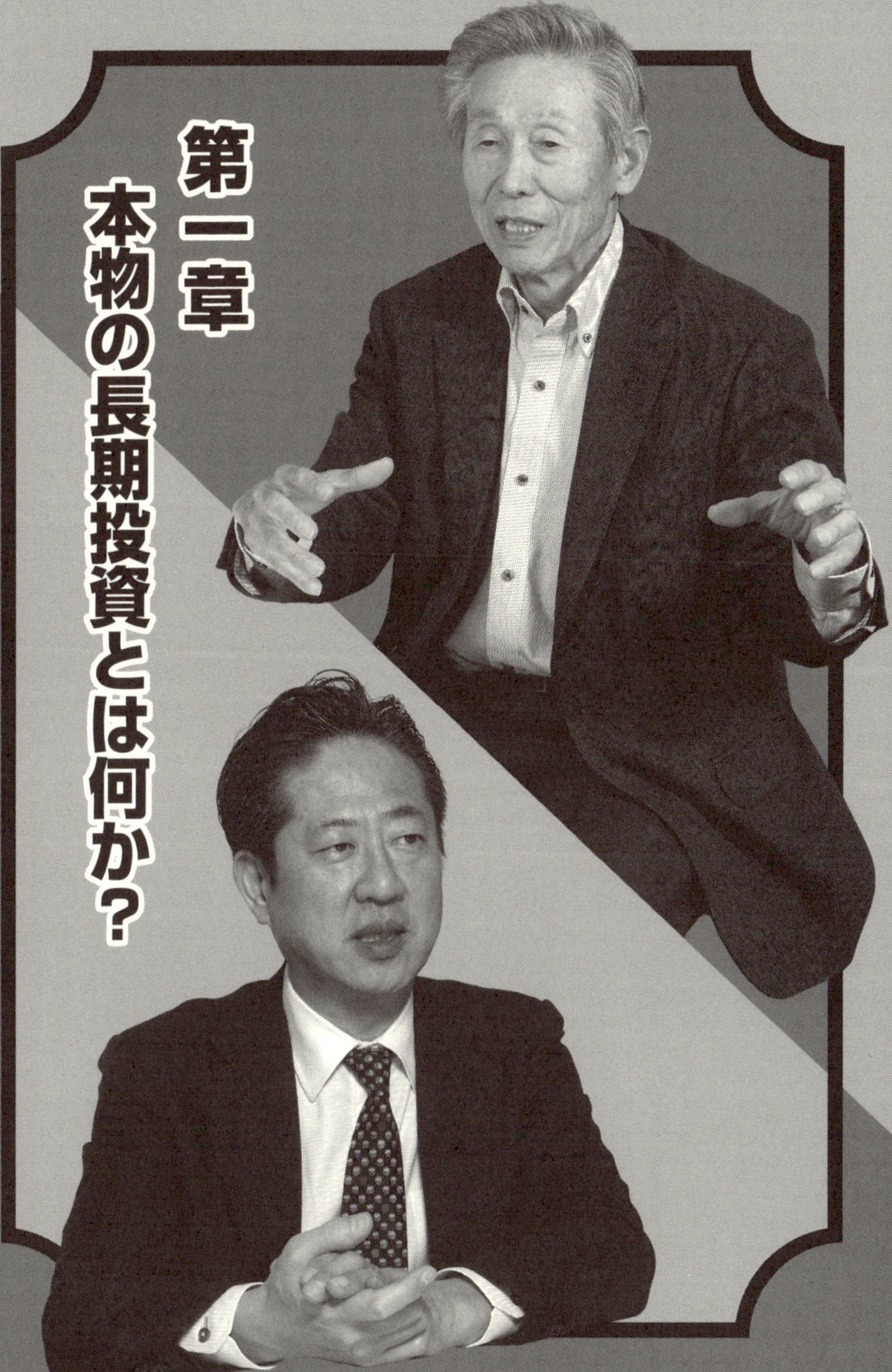

ニクソン・ショックで世界中が株を買うのを控えていた時に、キャピタルでは平気で買っていた。

渡部　恐らくは、私が長期投資について深く考えるようになったのは、私の野村證券への入社年度が非常に関係していると思うんです。私は１９９０年の入社で、内定が１９８９年なんですよ。

澤上　バブルのピークだね。

渡部　ピークなんですよ。一番景気が良くて、一番給料がいいというところで証券界に入ってしまった。ところが入ったあとすぐにバブルが弾け、結局そこから20年間で日経平均は8割下がっていったんですよ。その間《かん》に何を見たかというと、山一證券が潰れ、日本長期信用銀行が潰れた姿。いわゆる〝安全〟といわれていたものがなくなり、代わりにファーストリテイリングが出てきてソフトバンクが出てきてニトリが出てきて、これらの株価がみんな１００倍以上、上がった。

私はこれを実際に体験しています。ですから、私の少し上の先輩は、どちらかというと大型の優良株ばかりを勧め、中小型株みたいなのは駄目だという言い方をする。でも、私はまったく逆で、この体験から、新興企業で、先々いい会社は大きく伸びるという考えが、もう実務として身についている。それが我々の世代の特徴です。

澤上　俺が投資運用の業界に入ったのは1970年の頭だから、ニクソン・ショックも体験した。今回のインフレは、40年、50年ぶりにようやくきたかという感じ。

渡部　その体験は、ぜひ聞いてみたいですね。

澤上　面白いねえ。いつ、どこに入ったかで考え方は変わってくる。たまたま渡部さんは、野村證券に入って、自分はキャピタルグループのヨーロッパ本部、長期投資の権化みたいなところに入った。だから俺は業界に入った時から、長期投資なんよ。それでもニクソン・ショックの時には、「ぶええっ！　大変なことになったな」と言ったら、先輩たちは平気な顔をして、いろいろな株を買っていたのね。

その時には、俺も、「なんでこんな時に株を買えるのか？」と思っていたけれども、結局、キャピタルはすごく儲かったという結果が出ている。だから、もう第一次、第二次石油ショックなんかは俺も平気なもので、「買えばいいだろう。儲かるだろう」と買った。

もちろん、それ以前に、しっかりとリサーチをしておいて、こういう時があったらこれとこれを買うぞと、だいたい決めとくわけね。その買い銘柄リストを常にブラッシュアップしとけばいいのよ。本当に長期で持てる、いけるという確信があるものを選んでおいて、大きなショック安があったら買いに出るわけ。

ニクソン・ショックで、マスコミ的に見たら大変な事態になっているのに、みんなが「なんで、この人たちは、こんなに暴落している時に株を買っているのか理解できない」と思っている真っ最中に、先輩たちは平静そのもので買っていた。俺は、そういうのを見て、そっからスタートしているから、長期投資が身に染《し》みついている。

渡部　ちなみにそういう時は、どういう銘柄を買うのですか？　なんかコツがあるんですか？　生活必需品だとか、いわゆるグローバルで有名なのとか……。

澤上　そこが大事なんよ。その時も当然のように、またそのあともずっと検証してきたんよ。暴落の時ってね、本当に価値観が狂っている。だっていろいろ暴落の理由があり、当然の結果として下がっているわけよ。「これまで言われてきた将来＝夢物語」が吹っ飛んじゃっている。それで、みんなが右往左往しているわけだ。そんな時にいくらマーケットを見ていても、何もわからない。

でも、世の中を見まわすと、人々の生活は続いているし、その人たちの生活は何も変わっていない。インフレが来ようが何しようが、生きているんだから。となると、普通の人たちの生活を支える企業活動、つまり、当たり前のビジネス、商売、このあたりは安心して買えるわけよ。だって、そうじゃない？　そんな時に業績見てもわかんない。すべてがマイナス成長になっているわけだから。だけど、「普通の人が必要とするビジネスは、マイナス成長になっても潰れっこないよな。買っときゃいいだろう。安いんだから」。もう、そんなもんよ。数字はみんな悪いんだから。

ふふ。意外に当たり前の会社がいいのよ。なおかつ、最近のぽっと出の会社は怖い。これまで大暴落という経験をしたことがないからね。とりわけ、今回のインフレは、若い会社で、ゼロ金利でのし上がってきた会社がいっぱいあるじゃない？　これらは金利が上がってきただけでも無理。吹っ飛ぶだろうね。だからある程度、歴史がある会社のほうが安心できる。当たり前の会社が強い。

株式市場でどんな事態が起こっても、地に足をつけた人々の生活は、それとは別にある。

渡部　なるほど。ちょっと似たような感覚を持ったことがありまして、私、金融が虚業だと思ったことが2回あるんですよ。

澤上　俺、ずっと思っている。金融は虚業もいいところ。俺は、もともと事業家の息子なんでね。だから自分は業態としては金融をやっているけれども、限りなく事業家的にやっているんよ。「さわかみグループ」全体が事業家集団だよ。

渡部　私も、本当は虚業だと思っているんですよ。本音は虚業だとずっと思っていて、自分も金融の世界にいたから、余計に思っていて。

ただ、その気づきのきっかけが実は2回あります。それが先ほどの澤上さんの場合と似ています。

1回目が2003年、当時みずほ銀行（当時みずほホールディングス、現みずほフィナンシャルグループ）が潰れると噂されていたんですね。そのために1兆円増資をすることになり、三菱銀行（当時三菱東京フィナンシャル・グループ、現三菱UFJフィナンシャル・グループ）が公募増資に走ったんです。それは野村證券が主幹事で、一本（野村だけで行うこと）だったんです。その時、当時の三菱銀行の頭取が野村證券のディーリングルームに来て、「この公募が成功しないと日本は潰れる」とおっしゃった。我々はみんな「これはやらないといけない。大変なことだ」と思いました。

ところが、仕事を終えて会社の外に出たら、普通の人たちは何も騒いでいないわけです。「あれ？　何も大事件は起こっていない。普通の生活が外にある」と感じたんです。それが1回目。2回目はやはり、リーマン・ショックです。この時も「世の中はひっくり返るぞ」なんて野村内では言われたし、確か、1年間で時価総額が３０００兆円ぐらい吹き飛んだという話だったんですが、また野村から外に出ると、至って普通の生活が行われていて、誰も騒いでいない。

「あれ？　何、これ？」って思っちゃったんですね。それ以来、金融は虚業だと思っていました。

澤上　そうなんよ。どんなに株の世界で大暴落が起こっても、株式市場の外の人々には、それとは関係なく、毎日の生活がある。
俺はそのあたり頭の整理ができているから、リーマンの時も、金融の人たちは大騒ぎしているけれども、「下がっている。しめ、しめ」と買いまくったわけ。２００8年9月からじゃなくて、10月、11月からひどく下がってきたの。あそこでめちゃめちゃ拾ったよ。「ありがたい。こんなに安く買える」とか言ってね。あとはほったらかしで。するともう、翌年の2月、3月には、30%も上がっているわけよ。「やったぜ。長期投資って楽なもんだな」と。

渡部　ははは。

澤上　実は俺は、ウォーレン・バフェットさんとは違うの。バフェットさんは投資家としては素晴らしい。投資という意味においては、神様。だけど、リーマン・ショックの時に、あの人と自分との違いがはっきりと出たわけ。彼はゴールドマン・サックスを助けちゃったよね。

渡部　ああ、そうですね。

澤上　金融バブルの張本人で、めちゃくちゃやりまくった会社を、なんで助けないといかんのか？　俺だったら、あんなの、潰れていいだろうと思った。世の中の役に立つどころか、世界経済にえらい迷惑をかけた。ところがバフェットさんは、自分が経営する会社「バークシャー・ハサウェイ」に超有利な条件で50億ドルの投資を行った。

そこでわかった。バフェットさんは長期投資家じゃないなと。投資家としては素晴らしい。アイデアがすごくて、投資の収益機会をうまくつくり出しているから素晴らしいけれども、長期投資の目的は、いい世の中を、将来を、つくっていくことなんよ。人々の将来の生活をつくっていくことなの。だから我々のような本物の長期投資家というのは、人々の生活から一歩も離れないでやるわけね。

ゴールドマン・サックスのような一部の高所得層の金融収益拡大には大貢献したものの、普通の人々の生活をめちゃくちゃにしてしまった会社を、なんで応援せなならんの。我々は絶対に応援しない。日本の金融も同じで、応援する気はないね。だって、野村も銀行もリーマン・ショックに至るまでに、その原因となる働きをして、手数料を荒稼ぎしたわけ。自分たちは高い給料を取ってね。保険もみんなそうだよ。

我々は「金融なんて応援できるかよ」という気持ちでやっているわけ。そういう意味においては、金融なんて虚業だね。

渡部　本当にそう思います。澤上さんがおっしゃった「我々は事業家なんだ」という言葉にはすごく共感を持っています。ただ一方で、私は一応、証券業という〝業《ぎょう》〟から入っています。直接金融という業なんですよ。建前はどういうことかというと、リスクマネーをしかるべきところに流す。我々の仕事は、その流す役目だとずっと教わってきました。実際に、自分が野村でそれができたかどうかという意味では、先ほどお話しした三菱銀行の公募が、良いことかどうかは別にして、あれは〝やった感〟があったかなと思っています。一応、日本を助けたかなと、そういう感じがしています。

私はそういう流れで来ましたから、今思っているのは、まさにそのことで、少しでもお金を良いほうに流そうと考えています。具体的に言えば、上場している日本株を買ったことがない人に、伝統工芸とか、農業とか、未上場の株が買えるわけがないので、せめてこれまで株を買ったことがない多くの人たちが、普通に日本株を買えるような、そういう考え方を広めることができればいいなと考えています。それを草の根でやろうというのが、現在私が行っている「複眼経済塾」ですね。

長期投資の絶対条件は2つ。①計算しないこと②自分の投資キャパ（限度）を守ること。

渡部　澤上さんに、ぜひお聞きしたいことがあります。澤上さんは、先ほどから、「投資は自分で考えてやりなさい」とおっしゃっています。とはいえ、現在、澤上さんの業としては、投資信託じゃないですか。お客さんが〝投資信託のお金の出し手〟ということですから、やはり、最終的に投資家は、「澤上さんに任せておけば安心だ」と頼る気持ちになってしまうと思うんですが……。

澤上さんは、「最初は投資信託で慣れて、将来的には自立してくれよ」という、そういう思いなのですか？

澤上　それは大事なポイントで、俺が最初から言っているのは、生活の匂いがつくようなお金は全部「さわかみファンド」へ入れておけ。そのうえで、手元に置いたお金で、知的好奇心も含めて——投資はものすごく勉強になるからね——自分の考えで、自分が好きな会社や応援したい会社の株で運用しようよ、と。このつかい分けをしてくれよと。

渡部　ハイブリッドですね。

澤上　これが最高のパターン。なおかつ、最初のうちは、大きなお金は無理だから、50万円ぐらいから始めろと。こっちは本当に自由自在に、知的好奇心のままに自分を、自分の哲学を追求しろと。

しかし、この時にやっちゃあいけない条件が2つあるわけ。第1条件は、絶対に計算するなと。投資は、計算せずに気楽にやったら、面白いほど儲かるよ。ところが、少しでも計算しだすと、狂うんよ。

渡部　わかるな（笑）。

澤上　わかるやろ。計算すると、マーケットを意識しちゃうの。マーケットを意識しちゃあ、絶対に駄目なの。

第2条件は、儲かった損した、の計算をせず自由自在に投資できる金額のワクを守ることだ。自由気ままにお金を投入できる、その人の投資キャパといってもいい。

場合によっては、投入した資金が大きく目減りすることになるかもしれん。その時は、「さわかみファンド」から資金を引き出して埋め合わせをすればいい。だから、その投資で損をすることになっても、「お金が減った」とは考えない。そんなことを考えちゃあ駄目なの。とにかく思う存分やる。

逆に、大きく儲かったら増加分は「さわかみファンド」に放り込んでおく。とにかく、いまの自分のキャパを守る。そうすると、最初は50万円ぐらいで買う、それがだんだん100万円を一切計算せずに動かせるようになる。次は200万円を自由に思うがままに動かす。そのうち、500万円を動かせるようになる。もっと慣れてくると、平気で1000万円を、ぽっと放り込めるようになる。その先では、2000万、5000万、1億となっていく。

こっちのほうが、自由に投資したほうが、「さわかみ投信」よりも絶対に成績がいい。それもこれも、生活に必要なお金は「さわかみ投信」に預けてあるからできること。これがリスクを取れる個人投資家なんよ。これをつくりたいわけ。

渡部　なるほど。素晴らしい。すごい。

澤上　生活の匂いがつくお金は、「さわかみ投信」に任せて、自分のやりたい投資は思う存分やれやと。

渡部　思う存分のほうは、私たちが教える。我々はやり方を教える側でいいんですね。

澤上　そう。自分で勉強したり、渡部さんに教わったりして、もっと思う存分やれるようになる。

渡部　そうすれば、ハイブリッドで、両輪でまわっていけるんですね。なるほど。

澤上　投資家が、こういうのをベースに、だんだん自分で動けるようになっていく。投資そのものを面白がって、もう自由自在。投資って、最高はここなんよ。

計算せずに好き放題やって、なくなってもかまわん。そんな楽な気持ちで投資すると、面白いほど儲かる。本当に。儲かったら儲かったで、自分のキャパをどんどん大きくしていって、より大きな金額で、大胆に、自分の思うとおりに投資する。こういう投資家が、日本にはあまりいない。

そういった人たちがたくさん出てきたら、日本経済は変わるし、運用の世界も変わっていく。こういう投資家をつくらな、いかん。もちろん、年金も含めて生活は、「さわかみ投信」に任せておいてが基本だけど。

渡部　ちなみに、そういう思う存分できるような投資家は増えつつありますか?

澤上　徐々に増えつつある。とりわけ、「さわかみファンド」を保有している人々の間で増えてきている。その人たちには、さっき俺が言った2つの条件を守れと話している。

自分で考えて面白がってやっているうちに、いい意味でワル乗りの人がいて、「もうわかった。今度は上場していない地元企業を応援する」と、そっちもやっちゃう。俺は「もちろん、そういうのは全然かまわんよ」と言う。彼は「さわかみファンド」で人々の生活に必要な会社は押さえてあるから、自分では好きなほうに集中する。「この会社をとことん応援するんだ」と、キャパの範囲で全力で投資する。そんなふうな方向にいっちゃう人もいる。自分で考えているから、より面白くなってくる。

うちは、「長期投資はこういうふうにやるよ」と方向性を示して哲学を話し、一切営業はしない。長期投資は、結果が出るのに時間がかかるからね、営業したって無理だもん。相手は、結果が出るまで待ってくれんから。

だから、積み上がってきた結果を見てもらい、方向性がぶれない安心感、信頼と安心のみで、お客とつながっている。その先では、とにかく財産を増やしたいだけという人は、「さわかみファンド」でお金が儲かってくれば、面白い人生になるでしょ。また、「さわかみファンド」をやりながら、自分でも投資をしたい人は、安心をしっかり蓄えておいて、徹底的に自分で知的ゲームをやったらいいよ、というスタイルだね。

投信の積み立て制度を世界で初めてつくった「さわかみファンド」がなぜＮＩＳＡに入っていないのか？

渡部　そうすると、ＮＩＳＡも興味がないんですか？

澤上　実はね、「つみたてＮＩＳＡ」ってあるじゃない？　投信の積み立て制度はウチが世界で初めてつくったんだからね。「さわかみファンド」を設定したのは、１９９９年の8月24日。設定して翌日の8月25日から積み立て投資の設計に入ったわけ。

それまでずっと30年間長期投資をやってきたから、長期投資をやるうえで、積み立て投資が最高だというのは、骨身に沁《し》みていたわけ。だから、やらなきゃいかんと思ったわけ。それまでなかったんだから。

なきゃないで、つくるの。まったく新しい仕組みをつくるのは大変で、いろいろな金融商品を引っ張ってきて組み合わせをして、大蔵省に持って行った。最初さまざまなことを言われたけど、全部大蔵省が認可を与えた金融の制度を使ってるじゃないの、と。

そうやって交渉して、最終的には「許可しましょう」となり、1999年11月から世界最初の投信の積み立てを、「さわかみ投信」を始めたの。その「さわかみ投信」が、あえて「つみたてNISA」に入っていないのよ。なんでだと思う？

渡部 どうしてだろう？ 積立投資の良さは骨身に沁みて知っていて、だから「さわかみ投信」をつくったんですものね。銘柄が決まっているからかな？

澤上 「つみたてNISA」に登録されている適格ファンドが218本（2023年1月17日時点）もある。つまり、猫も杓子《しゃくし》も手を挙げている。答えは、もっと本質的なもの。

渡部 国が選んでいるのが気に食わない。

澤上 いや、ウチが投信の積み立て制度の第一号なんだから。ウチがいいと思えば、つみたてNISAやりますと手を挙げればいいんだから。いつだってやれる。

渡部 手数料を、ある基準以下にしないといけないから。

澤上 それよりも低いもん、うちは。問題なしに。俺んとこは、23年やってきて信託報酬をいただいたうえで、年平均、6・1％で回っているのよ。手数料には文句はないはず。そういうせこいポイントじゃない。もっともっと本質的なもの。

渡部　あまりに本質過ぎて気がつかないんでしょうね？

澤上　そう。本当の本質。

渡部　年齢とか期限が決まっているから？

澤上　年齢じゃないの。問題は期限。20年の期限。これが気に食わない。金融庁がものすごく頑張って国税庁を説得し、20年にしたんだけど、気に食わない。長期投資をやっていると、13年目ぐらいからぐわあっと運用している資産が積み上がりだすわけ。そこから先が面白いのに、20年と期限が決まっていると、そこで税金を払わなければならなくなるから、売ってしまう。

それでは意味がないんだよ、本当に。資産が積み上がり始めたら、税金なんか捨てちゃって、増やしていくほうがいい。税金の20％を払っても増やすほうが得だし、面白い。

渡部　期限を過ぎると税金を払う必要が出てくるから、長期投資をやめてしまう。本末転倒になるということですね。

澤上　そうなの。「さわかみ投信」が「つみたてＮＩＳＡ」に入らなかったのは、そこなの。

税金を気にして5年とか、ちょぼちょぼやっちゃうことになるの。トヨタは18万倍じゃん。「つみたてＮＩＳＡ」は本当の長期投資の醍醐味を捨てちゃっているわけよ。

長期投資というのは、時間のエネルギーをいただくことなの。20年って立派だけれども、実は長期投資においては、こっからが一番美味しいところ。そこで全部売っちゃったら、もったいない。そこからまた再投資じゃあ、長期投資の意味はない。

長期投資の目的は、自分が理想とする社会を実現するためにお金に働いてもらうこと。

渡部　澤上さんのおっしゃる短期、中期、長期、超長期というのは、具体的にどのくらいの年数をイメージされているんですか？

澤上　これは、いい質問で、そういう考え方じゃないんだ。つまり、一般的にいわれている投資というのは、お金を追っかけているわけなんだよね。だから、期間が問われる。しかしそれは、資金運用で、投資じゃないわけよ。本当の投資というのは、将来に向けて、お金に働いてもらうことを言うの。

だから、当然、「将来どういう社会に住みたいのか？」は、みんな違っていいわけよ。夢や想い、その人それぞれの意思があって当たり前。お金に働いてもらって、将来に向けて働いてもらって、自分の願う将来を目指すのが投資なんよ。だから、お金が将来をつくってくれるんだから、投資は「死ぬまでやれ」ということ。その間にね、安く買っていれば、お金は増えるに決まっているわけ。リターンは、あとから戻ってくる。やることをやっとけば、ついてくる。

そういう価値観を持って、どんな社会をつくりたいかを考え、こんな社会をつくりたいと願う。そうすれば、そういう方向で頑張っている企業を応援したくなるでしょ？

渡部　つまり、長期投資というのは、終身投資ということで、いいですか？

澤上　そうだよ。人間は歳をとって体力が衰えたりすると働くのはきつくなるけど、投資なら、アルツハイマー病になるまでやれるじゃん。

現在を生きている人間の義務として、いい社会をつくっていくのは、子供に対しての大人の責任やろと。子供を素晴らしい社会につなげてあげよう。それをやろうよ。その過程で、リターンはあとからついてくるぞと。

だから投資は死ぬまでやる。期限がないわけよ。期間が制限されていないから、ゆっくりと思い切ってやる。よく、安く買って上がらない上がらないといって騒ぐけれど、10年でようやく2倍になったら、スゴイことなの。年率にして、7・2％の成績となる。やれやれどころの話ではない。

逆に、毎年7％の成績を出せと機関投資家に求めても、おそろしく難しい課題となる。そもそも、毎年7％の運用結果を出し続けるなんて、そうそうできることではない。

渡部　できないですね。

澤上　みんな必死こいてお金を追いかけても、それだけの成果は出せないのよ。だけど、応援していたら出ちゃうじゃん。これが長期投資。

だから、期間を決めて運用しちゃあ、駄目なんよ。こちらは終身投資という思いがあるから、わけのわからんような会社を面白いと思って、「この会社はどこに行くのか？　でも、きっと世の中のプラスになるぞ」と考えて買っとくじゃない。ずいぶん経って気がついたら、びっくりするほどの値段になっていた。それなのに、買ってたことすら、もう忘れちゃっている。そんなことがよくあるんよ。

日本の将来のためになる会社を応援して買っていたら、いつの間にか、10倍、20倍になっていた。

渡部　そういった考え方を、どうしたらそれができるかを、一般の人にもわかりやすく教えてほしいんですが。

澤上　投資は本当に死ぬまでやればいいのよ。お金にも働いてもらうんだから。もちろん自分も頑張って働くけどね。それは日々の生活がかかっているから。自分の働きが右足。しかし、それとは別に、より良い将来をつくっていかないといけない。そのためにお金に働いてもらうのが左足よ。

　自分の働きの右足と、お金にも働いてもらう左足とで、しっかりと両足で歩いて生きていこうよ。そういう生き方が長期投資家の世界なのよ。

渡部　さわかみファンドは住友金属工業を50円ぐらいの株価の時に買っていますね。

澤上　違うよ。36円まで株価は下がり、その寸前まで買った。

渡部　新日鐵（日本製鉄）と合併したから、わかりづらいかもしれませんが――。

澤上　合併してくっついた会社も平均すると、買い仕込みコストは50数円から60円だね。それが１０００円になったから、約20倍。

渡部　指値を、とてつもないところに指していらっしゃいますね。

澤上　いや、指すというよりも、応援だから。みんなが売るなら、こっちは徹底的に買って応援する。だけど、ウチは、お客さんからお金を預かってやっているわけで、責任があるからファンド資産の０・６％までリスクを取ったわけ。

あの当時ね、倒産するという噂のあった住友金属工業の株がもしも紙切れになっても、０・６％までなら、ほかの運用でカバーができて、お客さんに迷惑をかけることはない。だから、０・６％まではリスクを取ると、徹底的に買ったわけよ。もちろん今だったら１％とか、もっと買えるけど、あの頃はまだ小さくて、ファンド資金が現在ほどなかったから。

渡部　そうやって、経営が厳しくなった会社を応援して、その会社が立ち直り、いろいろな展開を見せると面白いですよね？

澤上　醍醐味なの。住金の話ばかりみんなに言わるけど、あの当時は、今では嘘みたいな話で、コマツ、クボタ、椿本、みんな潰れかかっていたんだから。住友重機もそう。しかし、日本のこれからに必要な会社だから、応援しなければと、片っ端から買っていたわけ。

それがね、10倍、20倍になったじゃない？　これ、長期投資の醍醐味なのよ。

渡部　すごい。

澤上　同時に会社も、ものすごく喜んでくれるわけ。

住金もそうだったけど、この10年では日本電産がそうやね。日本電産もいろいろなことを言われて株価がガタンガタンになったことがあったでしょう？　あの時も、けっこう買ったんだよ。そうすると、日本電産の重役が気がついて、調べたら「さわかみファンド」。向こうは、まったく知らない名前。だけど、その重役は大変に喜んで、うちに連絡が来た。「一回、会社に来たい」というので、「どうぞおいでください」と答えたら、全役員を引き連れて来られた。大勢で来られたから、うちも全社員が仕事放棄で、会議室で対応した。それから毎年、その役員は来てくれていますよ。

「日本電産は調子がいいから、『さわかみファンド』ももっと買ってよ」と言うから、「駄目。一回業績がボロボロになってください。そしたら買うから」と答える。向こうは「ボロボロなんて、それはあり得ない」と言う。そんな気楽な話ができている。

渡部　澤上さんの思い入れのある銘柄って、ありますか？

澤上　ウチでは、株価じゃなくて、会社を見ているから、銘柄とは呼ばない。応援会社って呼んでいる。

渡部　なるほど。

短期で価格が上がる株よりも、人々の生活になくてはならない会社を応援する。

澤上　もう数え切れないぐらい思い入れのある会社は、ある。笑っちゃうのもあって、その典型は株式会社ハンズマン。このお店は九州だけなの。最近ようやく大阪にお店出したけど。

渡部　宮崎でしたっけ？

澤上　そう。上場したての頃、親父さんと息子さんが会社に来た。今は息子が社長をやっているけれど。それでいろいろと話をしてくれる。

それを聞くと、この会社はかなり本気でやっているなと。どうしてかというと、ユーザーにとって、本当になくてはならない会社なの。普通はビスとか釘とか、袋に12本とか20本入っているでしょう？　ところが実際は、1本か2本しか必要がないわけ。残ったものは余分になってしまう。だから、ハンズマンは釘1本から売るわけ。
普通はこういったDIY（専門業者でない人が、何かを自分でつくったり修繕したりすること）の小売店は、お店に並ぶ商品点数が10万点ぐらいなのね。ハンズマンはそんな体制だから、30万点を軽く超えているわけ。超効率の悪い商売になっている。また欠品がある場合には、あちこちに吊るしてあるわら半紙に、お客さんがリクエストを書いておくと、翌日には仕入れてくれる仕組みになっている。
何もかもが、お店には大変だけれども、お客さんのためを考えてという仕組みになっている。金融とはえらい違い。

渡部　そうですね（笑）。

澤上　朝の7時から9時近くまでは、お客さんはプロの人。9時半からは一般のお客さんが来店する。プロ用から一般用まで、全部揃えているわけね。
面白いのは、電動工具って普通のお店ではお客さんは店員から説明を聞くだけで買う。ところがハンズマンでは、広い場所があって、そこに全部の工具が置いてあり、店員が使い方を教えてくれて、お客さんは使ってみる。それで、自分にとって一番使い勝手のいい電動工具を買うことができる。商売という観点からは、どう見ても無駄ばっかりやっているけれど、お客さんにとっては素晴らしいお店なわけ。

渡部　なるほど。

澤上　そういう経営方針だから、毎年、どんどんお店を出すのではなく、2年とか3年に1店舗増やすというやり方。お店の設計もプロの設計士を雇うのではなく、店員が自ら店舗設計をするわけ。今度ここにお店を出そうと考えれば、お客さんにとって、一番いいと思ってもらえるお店を、自分たちの経験で設計するわけ。そうなふうにしているから、ますますもってお客さんには便利なわけ。

そのため、じわじわじわじわとお客さんが増えてくる。これは面白い会社だと考えた。だけど、会社の規模もまだ小さく、うちの買いで株価が急騰しないように、株を少しずつ買っていくのも大変だった。それもあって、将来どこかで売って利益確定など至難の業《わざ》。でも「売れなくともいいや」と買っていった。その当時の株価は200円とか300円。そしたら、今、2000円とか3000円になっている。最初買った時には、経営効率が悪くて、そこそこ利益が出ている会社に過ぎなかった。だけど、お客さんはむっちゃ喜んでいる。そういう意味において、この会社は大事な会社だった。だから応援せにゃいかんということで、ずっと応援してきたわけ。そしたら結果的に株価も大きく上がった。

渡部　このお話に近いエピソードとしては、石井食品の株主総会がすごく面白かったんですよ。石井食品は長年赤字なんですよ。株価もずっと200円前後で上がらないんですよ。ただ、株主総会に行ってみると、この会社はすごいなと感じました。株主総会は、船橋の市民ホールみたいなところで行われていまして、出席者が200人以上で、会場が縁日みたいになっているんです。つまり、自社の商品をズラリと並べて、売っていて、それを株主が買っているんです。

赤字なんですが、株主はそれに対して不満は少しも言わない。それよりも、自分の好きな商品が棚から消えているから、もう少し営業のほうに人を回して欲しいとか、そういう要望が質疑応答の際にされるんですよ。これはどういうことかというと、「株主＝石井食品の消費者」なんですよ。

こういうことって最近の企業ではほとんどなくて、むしろ、会社は株主総会を敵視しているケースばかり。ところが石井食品は、「株主＝消費者」で、すごく一体感があるんですよ。総会の最後に、創業家の石井会長が「うちは安心安全な製品を売っている。だから国産にこだわっている。ところがおせちをつくったら、栗きんとんに雑菌が入っていた。これは実は海外から仕入れていて、日本で加工をしようと考えていた。そのため、急きょ、この栗きんとんを国産に切り替えたら赤字になってしまった」と、赤字になった理由を説明したんですよ。その発言のあと、株主から赤字に対して文句が出るのではなく、むしろ、「やっぱり石井食品は素晴らしい」と大絶賛になった。驚きました。真《まさ》に、「株主＝消費者」で、株主が会社を応援しているんですね。

株価を追いかけるだけの機関投資家へのカウンターとして、会社を応援する生活投資家をつくっていく。

澤上　それこそ、理想。「さわかみファンド」は、お客さんは個人ばかりだから、〝生活者投資家〟という概念を広めようとしているんよ。〝生活者投資家〟については第六章で詳しく説明するが、現在は機関投資家の意見が強いけれども、それに対するカウンターとして生活者投資家がどんどん増えてくれれば、世の中はずいぶんと変わる。

機関投資家が、株価ばかり見て、3年で業績数字を上げろとか、わけのわかんないことばかりを言っている。ところが生活者投資家はこの会社はすごく我々のためになるから、長期で応援するぞと頑張る。

生活者投資家の数がそこそこ大きくなると、機関投資家に対してのカウンターになれるはず。現在はマーケットで株価や目先の業績数字だけ見ている機関投資家ばかり。だが、生活者投資家が増えてくれれば、企業も良くなり、その結果、日本は良くなる。「さわかみファンド」と「複眼経済塾」は、生活者投資家をいっぱいつくるという点において、夢を共有できると思うね。

渡部　なぜシャープが結局、台湾に売られることになったかというと、金融マーケットからある意味、嫌われたわけですよ。シャープは、悪いことは何もしていない。野村證券の企業金融、つまり、インベストメント・バンキングの担当者に、「どうしてシャープのようないい会社を助けようとしないんだ」と私は言ったんです。野村もリスクを取って、公募とか、公募でなくともシャープを助けるためのいろいろな方法があった。ところが担当者は、「だって儲からないじゃないですか」と答えたんです。

今でも、その言葉はよく覚えています。「シャープは、プラズマクラスターとか、液晶とか、まさにメイドインジャパンの素晴らしい製品をつくっているのに、そんなすごい会社をお前の『儲からない』の一言で潰してしまうのか！」と思ったんですよ。

その結果、短期で儲からないからと金融市場に殺されてしまった。社会的に悪いことは何もしていないのに。あの時は、すごく嫌な気分になりました。

澤上　三洋電機も同じだった。太陽光発電だけでなく、スーパーの売場にある冷凍のショーケースでも8割もマーケットを持っていたわけ。温情経営で、優しい、いい会社だったの。いろいろなことをやっていた。

だけど、太陽電池もこれからという時に経営が苦しくなり、総額約3000億円の優先株増資を実施。大和証券SMBC、ゴールドマン・サックス証券、三井住友銀行が引き受けた。実は「さわかみ投信」も三洋電機を応援していた。だけど、ウチでの運用資産は2400億円ほどしかなかった。あれほどのいい会社だし、「長期投資家が応援すればいいだろう。ウチなんかが応援しなきゃ」と思っていたが、力不足もあって、できなかった。ウチに運用資産が6000億円、いや、1兆円あれば、いろいろお手伝いできた。三洋電機の従業員は頑張っていた。面白い会社なんだよ。洗濯機は強いしね。その後、三洋電機を吸収したパナソニックはやり方が下手だから、太陽電池事業はジリ貧になってしまっている。俺はもともと松下にいたから、よけいに頭に来ているよ。

渡部　そういう意味では、エルピーダメモリだとかも、すごくもったいないと思っています。そういうもったいない会社が日本にはいっぱいありますね。

澤上　それこそ、金融に、虚業に食い物にされてきたわけだよ。彼らには産業資本を育てていこうという気概も胆力もないから。だから生活者投資家が必要になるんだよ。

金融も産業界も最近はその頃よりも、もっともっと短期指向になっている。

一番笑っちゃうというか、頭に来ているのは、丸紅がガビロンを買ったでしょ。穀物の世界7大メジャー。リーマン・ショックで大荒れとなった時に、食い込むことができた。拍手喝采。ようやった。もともと世界の穀物メジャーに食い込むなんて、絶対にといっていいほど、無理だったんだから。すごいことになるぞと期待していたら、3年ぐらいで売っちゃった。その後、穀物が非常に値上がりした。ばっかじゃないかね。普通は穀物のメジャーに食い込めないのに、丸紅は運良くできたのに。「さすがは日本の商社だ！」と思ったのに。

最近は、多くの企業が3年で黒字が達成できない事業からは手を引くとか言い出した。世の企業経営が加速して短期指向になっているわけ。商社ですら、長期のリスクが取れなくなっているんだから。

渡部　私が現在、すごく心配しているのは東芝。

澤上　もう、いいように切り刻まれているでしょう？

渡部　ちょっと耐えられないですよね。見ていると。

澤上　日立は辛うじて踏ん張ったのにね。東芝はアクティビスト（物言う株主・外資系のファンドなど）なんかにいいようにされて……。

渡部　アクティビストが、私は大嫌いなんですよ。偉そうなことを言っているけれども、結局、儲けたいだけじゃないかという。それが彼らの本音だと思う。

澤上　なおかつ、本当に企業に物申すのであれば、株主総会が招集できるだけの株数をまず買えよ、と言いたい。それから臨時株主総会を招集してもらう。そこにおいて、出席株主の3分の2以上の同意を得るだけの努力をしろと。ちょこちょこちょこと買っといて、マスコミを使って、「業績が悪い」とか大騒ぎをするわけ。

こんな連中に、日本も世界も呆れている。年金などの運用者連中は、物を言わないアクティビスト。株価が上がりそうであれば、何でも賛成しちゃうわけ。株価が上がって運用成績さえ出せれば、何をしてもいいと考えている。そういう連中が、いい気になってやっているわけ。金融機関は、金利のサヤが稼げるからどんどん金をまわしているでしょ。虚業もいいところだよ。将来に向かって、本当に大事なのは何か？　という判断が大切なのに。

渡部　私も、そう思います。

澤上　だから、いまこそ、生活者投資家が必要になってきているんよ。

第二章
長期投資家・澤上篤人が誕生するまで

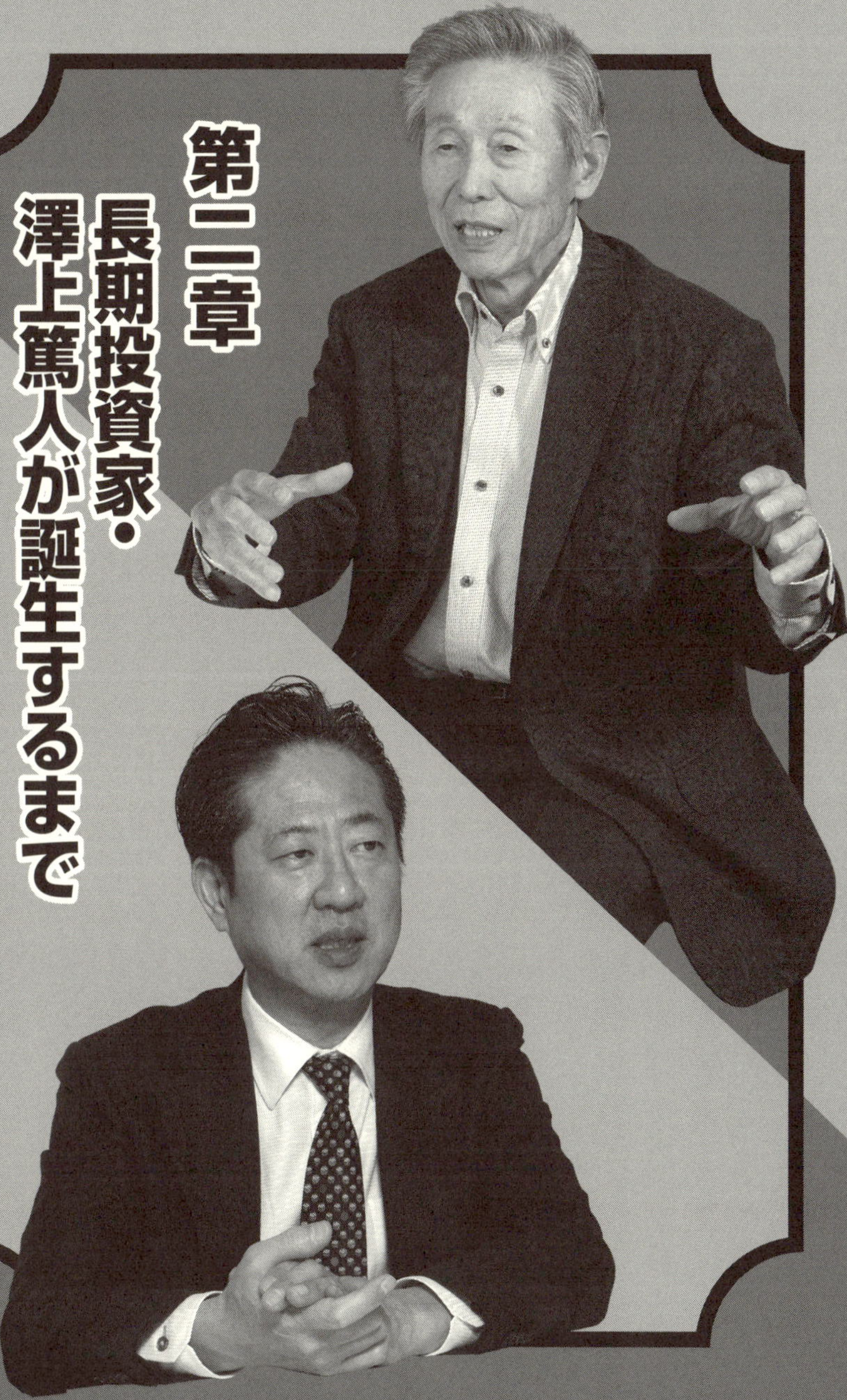

なぜ日本株に投資をするのか？　それは日本人だから。日本に元気になって欲しいと考えているから。

渡部　私が日本株に投資をしたり、日本株に投資をする塾をやったりしているのは、単純に、日本が好きだからです。海外投資は国富の流出だと考えています。それで儲かれば投資家は利益を得ますが、結局、海外を応援して、日本を蔑《ないがし》ろにしていることになるじゃないですか。

私の投資には、日本の企業を応援しようというのが根本にあります。だから、日本株を買っているわけです。私は現在、日本に暮らしていますし、日本にお世話になっている。そこに恩返しをするのは当たり前だと考えています。

日本で得るものだけ得て、儲けたお金は海外に流すのは、私はずるいと考えます。もらった分は必ず返すという循環が大事じゃないかと思います。

もう一つ、考えているのは、例えばアメリカ株をやるとする。その時に、なぜアメリカ株を運用する必要があるのか？　と考えてしまうんです。これはサッカーでいうとアウェー（相手チームの本拠地）を喜ぶのと同じなんですよ。ホームグラウンドが一番いいに決まっている。そんなのは当たり前の話なんですよ。

まず、「ここはどこですか？」「日本です」ね。「あなたは何人ですか？」「日本人です」「それではアメリカと日本とでは、どちらが詳しいんですか？」「日本ですよね」と。

日本株をすごく勉強して、日本一になれば、世界一になれます。しかし、海外の株は、日本に住んでいる日本人では、どう頑張っても世界一にはなれないんですよ。

ということは、わざわざそんな不利な勝負をする必要がないじゃないか。私はそう考えています。

澤上　俺なんかは、もともとキャピタル・インターナショナル（世界トップクラスの運用会社。以下キャピタル）出身で、世界でずっと運営してきているから、国際分散投資は、当たり前は当たり前なの。それでもあえて、日本株中心にやっているわけ。

渡部　キャピタルに勤めていた澤上さんが日本株中心に運営されているのは素晴らしい。

澤上　だって、日本人だもの。日本人が、日本企業をあまりに卑下しすぎている。企業自体も最近そうなの。

だから「もっと元気出せ！　気合いを入れろよ！　日本の企業に投資しても十分に成績

が出るのに、なぜ海外に投資しなきゃいけないんだ！」とあえて発信しているわけ。日本にない業態とかは仕方がないから海外を少し組み入れているが、ほんの数％だよね。「さわかみファンド」は日本企業中心で十分に長期投資運用がやれている。投資というのは、先ほどから言っているように、それぞれの将来に向けての夢や想い、意思といったものが必要なの。俺自身の意思の中には、「日本を元気にさせたい、みんなに自信を持って欲しい」――そういうものが強くある。

さらに言えば、「さわかみ投信」が行っているのは、バフェットさんたちの投資とは違うの。こっちはお客さんの資産をお預かりしていて、長期で資産形成をお手伝いすると言っているわけ。となると、6％とか7％、8％ぐらいで安定度高くまわせば十分なの。その程度であれば、別に世界中の株を買わなくても、日本株だけで十分にやっていける。長く関係してきたプライベート・バンキングでは、世の中、何が起こるかわからない。だから、できるだけ身近なところで運用するのが鉄則なの。

鉄則となると、渡部さんの話じゃないけれども、我々にとって日本株は身近じゃん。俺は51年やってきた経験から、アメリカ株もやれと言われれば運用できるよ。だけど、あえて海外の株での運用はほとんどしないわけよ。

渡部　澤上さんは、キャピタルの時はジュネーブにいて、その時から日本株が専門だったんですか？

澤上　いやいや、グローバルだよ。世界のアナリストで、世界の航空会社が専門だった。

父親の借金を返すために給料の高いスイスに行き、アルバイトでキャピタルに入った。

渡部　澤上さんがキャピタルに入られたきっかけは、何だったんですか？

澤上　17歳で親父が死んじゃったわけ。親父は林業、製材、住宅など幅広くやっていたから、ウチはお金持ちだった。けど、親父が死んで大きな借金だけが残った。日本の住宅産業がぐおおっと大きくなる前に死んじゃった。

　高校を出て働いてみたけど、家の借金は、とてもじゃないけど返せないわけ。だからアルバイトの稼ぎで、家計と学費を捻出し、大学に行って、松下電器に入った。それでも家の借金は返せそうにない。

　当時、日本とヨーロッパは、給与格差が10倍だったわけ。俺は、大学生の時に、片道切符を持ってヨーロッパ・アジアを無銭旅行した経験があったから、そのことをよく知っていたわけ。「あっちに行けば稼げるわ」と考えて、ヨーロッパに行った。大学生の時と同じように、シベリア鉄道に乗ってスイスを目指した。

大学の時の専攻が国際関係論、つまり地政学だった。ジュネーブに国際問題研究所があるから、そこのドクターコースに登録して、すぐに新聞広告を出したの。「ドクターコースに在籍する日本人学生で、英語とフランス語が話せる。経済の知識があって仕事を求めている」と。そしたら21通手紙が来て、そのうち3つの会社の面接を受けたら、全部受かった。その中で最も雰囲気のいいところが、キャピタルだったわけ。

渡部　澤上さんは、もともと金融をやろうと志していたわけではなかったんですね？

澤上　全然。結果的に金融に来てしまったけれども、いまだに事業家的にやっているわけ。現在も、金融なんてまったく興味はないから。

金稼ぎにヨーロッパに行って、たまたまアルバイトで入ったのがキャピタル。キャピタルの契約は一日2時間、週5日。それなのに、1カ月の給料が松下の時よりも高いわけ。「やったぜ！　これで稼げる！」と喜んだら、とんでもなく能力の高い人がいっぱいいるわけじゃない。「うわーっ！　俺もあんなふうになりたいな。ちょっとでも近づきたいな」で、とことん仕事をやった。

やっているうちに、地位も、給料も上がっていって、家の借金もけっこう大きかったけど、全部返せた。朝から晩まで16時間以上は仕事をやっていて、お金をつかう場もなかったからね。

渡部　当時、キャピタルの社員は何人ぐらいだったんですか？

澤上　世界全体で300人、400人ぐらいかな。

渡部　それはトレーダーとかも全部含めてですか？

澤上　全部。事務のお姉ちゃんたちも含めて。

渡部　ということは、リサーチとか、ファンドマネージャー的な人たちは、100人弱だったんですか？

澤上　そうね。70人、80人ぐらい。それが一人ひとり、とんでもなかった。ところが、年金運用ビジネスが始まってからは、どんどん増えて、現在、社員は1万人以上いるけれども、まったく体質が変わってしまっている。

キャピタルには将来を読むことができる、すごい人材がゴロゴロしていた。

渡部　当時は、現在の澤上さんみたいな考えの人たちがほとんどだったんですか?

澤上　ゴロゴロしていた。

渡部　当時は、リサーチを、どんなふうにやっていたんですか?　その頃は有価証券報告書みたいな形で、アナログだったわけじゃないですか。どういうステップでやっていたんですか?

澤上　例えば、わかりやすい例で話すと、当時ジュネーブでは社長のケンが、のちにノーベル経済学賞を獲ったロバート・マンデルとか、のちにバイオを産業にしたジェネンテックの創業者・ロバート・A・スワンソンをゲスト・スピーカーに呼んで、スピーチをさせているわけ。その当時は2人ともまだ若くて、誰も将来、そんな大物になるとは思ってもいないのに、いち早く呼んでいるわけ。

渡部　それはどういう情報網で知ったんですかね?

澤上　当時の社長のケンが、どういう頭脳構造で、こんなに早い段階からあとで世界的になる人物を見つけていたのかな？　というのがずっと俺の疑問の疑問だったわけ。ようやく最近わかってきた。

将来をいろいろと考えた時に、イメージがあるでしょう。恐らくケンは、そのイメージを膨らませて、現在の若くて無名な人たちの中で、誰が当てはまるのかを見つけていたのだと思う。株式と同じで、将来の納得を現在の不納得から探していたんじゃないかな。

渡部　それは、理屈ではわかるのですが、そういうすごい人たちをどこで探していたのか？　例えば夜の飲み屋とか……。どこに出ている情報で調べているのか？

澤上　情報なんてない。情報は今を語っているわけ。そうじゃなくて、ものすごい勉強量の中で、論文を読んだりして将来を予測して見つけてきている。

渡部　論文などの原点を探り、そこに原石を見つけてきて、これはすげえじゃねえかみたいな。

澤上　原石を見つけるための素養があるというか、それだけの勉強をしているわけ。ものすごく勉強を積み重ね、これはいけると原石を見つけちゃう。株式も同じ。これはかなり参考になると思う。

1970年代後半に〝マネーサプライ〟という経済用語が出てきたでしょ。ところが、キャピタルのオフィスでは70年代の前半に、〝M1〟とか〝M2〟とか、〝M3がどうだ〟と普通に話しているわけ。俺はわかんなかった。本屋にあたって英語でもフランス語でも調べてみたけど、どこにも出てないわけ。それを仕事の現場でみんなしゃべっているわけ。俺は「何や？　これっ？」って。

渡部　そんな時はどうするんですか？　わかったふりをするんですか？

澤上　そんなことをしてもついていけない。ついていけないと無視される。

経済学なんかもね、彼らは「経済って、そもそもなんやろう」とか、考えているんだよね。そんな中で、この論文はまだ若い人が書いているけど、いけるとか、そういう感覚。とてつもない知的作業の世界。そんな中に入ってしまった。

これは面白い。「すげえよ！」という人たちも、みんな12時間ぐらい普通に仕事をしているわけ。だから、俺は15時間、16時間、17時間やるぞと。5年弱、本当に土日もなしに仕事した。お陰様で俺の実力もついた。周りは途方もないバケモンばかりだったから。

渡部　当時のキャピタルの社長を尊敬しているから、3番目のお子さんを「憲《けん》」さんと名付けられたと聞きました。ちなみに、ご長男が坂本龍馬の「龍《りょう》」さん、次男は高杉晋作の

「晋《しん》」さんと名付けられたとお聞きました。澤上さんにとってキャピタルの社長のケンさんは、坂本龍馬、高杉晋作と並ぶ英雄なんですね。

澤上　すごかったからね。ケンだけじゃない。ファンドマネージャーの先輩にボブ・カービンっていうのがいるんだけど、趣味がF1で、世界チャンピオン。中肉中背のおっさんで、みんながあの人はすげえと言うから俺も話を聞きに行った。ボブに「あんたF1で、すごいんだってね」と聞いても、彼は「俺、車が好きだよ」と言うのみ。「ところで澤上さん、日本のこれを、ちょっと教えてくれよ」という。他人に自慢もしない。

本当の趣味でやっているわけ。彼がどれだけ本物かということは、あとでイヤというほど納得させられた。俺が日本に戻ったあと、キャピタルの後輩が3人ほど日本に来たから、夕食を一緒にし、「ところでボブは今何をしているのか？」と聞いた。そしたら、「あのおっさんな、69歳になってもまだF1に乗っている。だいぶ瞬発力が落ちてきて、さすがに世界はだめになっているけれども、今年は全米のファイナルまでいっちゃったよ。ご機嫌でやっているよ」と。

趣味は好きでやっていて、世界レベル。仕事もすごい。こんなとんでもないヤツばかり。こんな男が世の中にいるのかよ、と言いたくなるのがゴロゴロしていたの。彼らは知的ゲームをとても面白がっていた。俺は、そんな雰囲気の中にいた。それから見ると、今の機関投資家はだらしがないね。

当時のキャピタルは長期運用が中心。現在の情報から将来を徹底的に読んでいた。

渡部　なぜ当時のキャピタルに、そこまでの人材が集まったんですか？　今でこそ、キャピタルはすごいブランドですが、当時は、まだそこまでではなかったと思うのですが。

澤上　現在は、そのブランドもおかしくなってきたけどね。70年代前半は、世界で投資運用といえば、10年、20年、30年の時間軸であたるのが当たり前だったの。つまり、投資は長期投資かディーリングしかなかったわけよ。

お客さんのお金を預かって運用する長期投資で、その最《さい》たるものは年金運用なのよ。年金の積み立ては当分お金を払う必要がないわけじゃない。成果を出して払うのは、20年後、30年後。毎年の成績がどうのこうのなど必要ない。だから70年代前半の代表的な長期投資は年金だったわけ。

そこで俺は勉強したわけね。そういった年金などの長期投資で大きくて安定した利益を得るためには当然、長期でものを考える。リサーチもすごい時間をかけてやって、考えに考える。すごい知的ゲームで、知的好奇心、探究心が絶対に必要。俺もやったし、みんながそうやっていた。

俺なんかそういう現場にいたから、長期投資の本格的な方法が身に沁み込んでいったというわけ。

渡部　澤上さんは、キャピタルで働いた日本人の第一号ですか？

澤上　考えたら、そうだね。

渡部　それって、すごくないですか？　それはとんでもなくすごいことだと思うのですが。

澤上　それも日本じゃなくて、ヨーロッパ本部でね。日本に戻ってきてからも日本のキャピタルに誘われたけど、「ピクテに約束しちゃったから。ごめん」と断った。

渡部　澤上さんは先ほど、キャピタルのブランドが現在は下がっていると言われましたが、それはどのあたりからで、なぜ下がってきたのですか？

澤上　キャピタルだけではないよ。世界の運用会社が規模だけは巨大化していったものの、運用の質は信じられないほど低下した。そのあたり、ちょっと説明しよう。

運用や投資は、もともと長期投資か、ディーリングしかなかったわけ。俺たちはそれを徹底してやっていたわけ。

ところが、60年代の終わりから70年前半にかけて、国民皆年金の制度が整備されて、先進国を中心に、ものすごい勢いで積み立てられていったの。年金は世界の運用会社にとって、あっという間に人気資産になった。世界最大の運用資産にまで、のし上がっていったわけ。

そうすると、世界の運用者はみんな、年金の運用にありつこうとするわけ。みんなが年金にありつこうとマーケティング競争に走った。マーケティングばかりになった。

マーケティングとは自分のところの運用手法や他社との運用成績などを比較提示して、いかに自社の運用能力が優れているかを訴える営業なの。ところが、運用成績の比較が、10年とか20年の時間軸じゃ、時間がかかりすぎて商売にならない。

そこで、運用成績の比較の期間が5年、3年、1年と短くなり、あっという間に短期投資が主体になってしまった。世界の運用会社はどこも短い時間軸で成果を出す競争に陥ってしまった。

70年代の終わりから変わり始めた。そして、80年、90年で、毎年の成績を競う方向へ世界の運用ビジネスは一変した。その横で、長期投資というのが絶滅危惧種になった。

渡部　80年代にキャピタルにしても、フィデリティにしても、すごい伸びるじゃないですか。それは年金ですか？

澤上　年金だよ。だけど、そのためにキャピタルもフィデリティも変わっちゃった。現在はキャピタルも社員は1万人以上いるけど、もうマーケティング会社に変わっちゃった。フィデリティも同じだよ。

澤上はキャピタルで働いた最初の日本人。実力を示せるまではとことん無視された。

渡部　当時のキャピタルで、澤上さんはどんなふうに働かれていたのですか？

澤上　キャピタルは、最初は2時間の約束だったけど、面白いから好きなだけ働かせてくれって言ったの。

そしたら「NO。契約は2時間だよ」と言われて。「給料は要らないから、好きなだけ働かせてくれ」と言ったら、「それはかまわない。好きにやれ」と鍵をくれたわけ。しめしめということで、朝一番に会社に行って、夜も一番遅くまで俺は働いた。

渡部　インターンみたいな感じで？

澤上　そんな甘いものじゃない。完全に白人の世界。有色人種はイエローもブラックも含めて、俺ひとり。そんな環境だったから、人権無視というか、完全無視。そういうのが甚《はなは》だしい。とてもではないが、人間として認められないわけ。

もちろんバイトだから、雑用から始まったね。いろいろなことをやっても無視。全部無視される。

どうすればいいのか？　仕方がない。力をつけよう。このぐらいじゃ駄目だ。これだけ差をつければ、眼の前の連中の態度も変わるだろうと、頑張って相当に力の差をつける。するとと、ようやく「ミスター澤上」となる。

ところが、その上の段階に行くと、次のレベルの人たちとの勝負となるわけ。また無視される。努力しても力をつけても、埒《らち》が明かない。多勢に無勢だからね。仕方がないと、また差をつけるべく頑張る。

そうすると、そのレベルの人たちも、ようやく「澤上」と名を呼んでくれるようになる。この繰り返しで、さらに頑張る。

そのうちわかった。より上に上がれば上がるほど、より広い裾野《すその》から上がってくるすごい連中に会えて勝負ができる。これは面白えやと。よっしゃ、もっと上にいってやれだ。ガンガンやっているうちに、けっこう上に行っちゃったという感じ。

渡部　具体的には、こんな調べ物をしてこいとか、そんなふうに言われるんですか？

澤上　何も言ってくれないよ。最初は見様見真似《みようみまね》で、勝手にレポートを書いていった。

渡部　やっぱりレポートを書くんですね？

澤上　勝手に書いた。そんなわけだから、ちょっと間違えたからといって、さっき書いたものを直したいと言ったら、もうゴミ箱に入っているわけ。そんなのばっかり。無視。無視。無視。だけど、そんな中でだんだん認められてきて、だんだん地位が上がっていったわけ。

向こうでは、教育などしてくれない。よく社員教育ってあるじゃん。あんなのはない。なんでわざわざ自分のライバルをつくらないといけないのかと考える。だから蹴落としばかり。どうしたらいいのかは誰も教えてくれない。

確かに会社の書庫に英語やフランス語やドイツ語の資料は山ほどある。だけど、その資料を見て、どうすればこんなレポートができるのかは誰も教えてくれない。

自分で考えて、見様見真似でやっていくわけ。だから、すごい手間がかかる。逆にそのおかげで、ものすごく力がついたよね。渡部さんが最初に見せてくれたチャートと同じだよ。完璧に力作業。毎晩遅くまでやって。

渡部　レポートの分野は、どういう分野なんですか？　例えば、なんかの技術論なのか、経済論なのか。

澤上　全部勉強せざるを得ないわけ。当然だよね。投資の世界って。

渡部　限られているんじゃなくて、まさに森羅万象を勉強しないといけないってことですね。際限がない。

澤上　際限がないのは当たり前。際限などあるわけないんだ。だって、求めているのは、将来の可能性ばかりだから。ものすごい柔軟な思考力とか、好奇心とかを、どんどん高めていく。その中でケンは、スワンソンとかマンデルを見つけた。

だけど、勉強をしていると、なるほどとイメージが湧いてくるようになる。キャピタルでは、本当に実力がついた。

渡部　認められるまでが大変ですね。

澤上　認められることを求めると、スピードが上がんない。がむしゃらに頑張っているうちに、結果的に認めてくれたかな、みたいな感じでやっていた。

正社員になったのは、バイトで入って3カ月後か4カ月後。正社員になれたのは案外早かったよ。それでさらにガンガンやっているうちに、アナリストになって、ファンドマネージャー。

最初は人権無視、無視、無視、だけど、頑張っていると面白いもので、日本よりも向こうのほうが正社員になりやすい。

渡部　3、4カ月で正社員になれたということは、大変なことですね。

澤上　まあね。そんだけやってるもん。レポートを書いても書いても、まだ向こうは認めてくれない。だけど、必死の努力を重ねているうちに徐々に認められて、向こうから「社員になれよ」と言ってくれて。給料も一気に3倍以上。「こんなに給料が上がるのかよ」と、びっくり。

仕事のレベルが上がるから、さらに頑張る。遊ぶ暇がないから、お金もつかわない。だから、どんどん貯まっていった。

「これで家の借金が返せる。やったぜ。嘘みたい！」

俺自身も競争意識がやたら上がっているじゃない。そして、お金もついてくるから悪くないよね。はじめは無理だと思っていた家の借金も、あっという間に返せた。

渡部　どんなふうにして認められたのですか？

澤上　最初はクズ。わけがわからないから、とにかくあれこれ仕事の量をこなす。その中で、要らないものを捨てていく。あれもこれも、やってみては何から何まで捨てまくり。捨てまくると残るもんがほとんどないじゃない。残ったもんに集中できる。そうやって、また広げていく。そうすると、また要らんもんは捨てられるわけ。そうして力がつき始めると、ようやく「これを調べろ」とか言われて。

ガンガン仕事をこなしているうちに、気がついたらアナリストとして認められ始めた。そしたら、ファンドアドバイザーになって。当時のキャピタルにはそれぞれ担当があって、俺は航空会社を調べていて、その担当になった。

遂に投資決定会議に出られた。ところが、みんな、各国の通貨を暗算で計算していて、ビックリ！

渡部　投資決定会議みたいなものがあったんですか？

澤上　最初にその会議に出ていいと言われた時の嬉しさ。「おお！」と言って。

最初に俺を無視したり、ぐちゃぐちゃ言ったりしていた連中は、もうみんな俺より下でしょ。会議に出ていいというのは最高の喜びなの。俺も遂に認められたと。

渡部　それは具体的に、どんな感じの会議なんですか？　20人か30人集まる会議なんですか？

澤上　会議は20人ぐらい。最初に出た時にびっくりした。当時、会議に出てくるお金の単位は、スイスフラン、ドルとポンド、フレンチフラン、バラバラだった。それを頭で計算しながら話しているの。この人たちは、どういう頭脳構造をしているのかと驚いた。

渡部　あっ、そうか。グローバルだから。

澤上　暗算をしているわけ。日本みたいに算盤《そろばん》でどうのこうのじゃないんだよね。一つずつ、暗算しているの。会議に出席できるようになったけど、全然ついていけない。そんな中で、知らない言葉も出る。それが本屋に行って調べてもない。

渡部　その時に、円とか日本企業の話も出るんですか？

澤上　出たよ。さすがに日本企業だから、俺に日本について質問をしてくれる。だけど、その質問のレベルが高すぎるから、「いや、自分はまだ知らない」と答えるしかない。

もう、すごかった。俺も訊《き》かれればその日本企業について調べるけど、彼らのほうが調査するスピードは速い。すごく速い。日本語がわからないのに、なんでこんなに速く詳しく調べることができるんだと。
渡部　当時は日本企業では、どんな会社の名前が出たんですか？
澤上　あの当時は、日立だとか、古い会社。それこそ、東芝だとか、松下だとか。ぎりぎりワコールが議論になっていた。
渡部　ワコールが話に出ていたんですか？
澤上　ほかには、ファナックだとか、イトーヨーカドー。まだまだ新参企業で、上場したばかり。
渡部　イトーヨーカドーも新参企業だったのですか？　面白い。今、持っていたら大変なことになりましたね。
澤上　ファナックは上場以来、投資している。馴染《なじ》みがあるからね。
渡部　インターネットも株式投資用の端末もない時代でした。
澤上　だから汗を流して手作業をしていた。今は楽だから、逆に浅く薄っぺらな分析になってしまう。何しろ、当時は電卓もない時代だったのだから。
渡部　電卓もないんですか？
澤上　日本から計算尺（アナログ式の計算用具）を持っていくと、みんなはびっくりしていた。「何やっているの？」って。全員手計算でやっているの。だから、彼らはものすごく暗算が速くなるの。日本で電卓が出だしたじゃない。日本に出張するたびに、お土産で持って帰ったわけよ。もう、みんなに喜ばれて。

渡部　そしたらカシオ計算機を買おうという話になるんですか？

澤上　そう。もちろん俺が実際に使ってみて買おうかと。カシオミニ（世界初の小型電卓）が出た時にね。

個人のための積立投信をつくりたかった。そのためにピクテを辞めて「さわかみ投信」をつくった。

渡部　澤上さんが日本に帰ってきたのは、どうしてなのですか？

澤上　スイスっていうのは、レーバー・パーミッション・クォーター制度、つまり「スイス人を優先的に雇いなさい。外国人に対しては仕事の内容によって、何人まで」という規制があったの。キャピタルは世界的な企業だから、外国人の先輩がいっぱいいて、俺よりも前に入った人たちでこの決められた人数ワクを使い切っちゃっていたわけ。

俺はドクターコースの学生で、学生のステータスを残していたから、バイトなの。だからレーバー・パーミッション・クォーター制度に引っかからなかったんだけど、バイトのはずが、しょっちゅうアメリカに行ったり、日本に行ったり、イギリスに行ったり、出張しているでしょ。それが当局に知られて、「君は、このままだと逮捕されるぞ」と言われて、社長のケンが「どうする？　ロサンゼルス本社に行くか？」と聞いてきた。

じゃあ、もうそろそろ日本に帰ろうと決めた。ありがたいことに、家の借金は片付いていたんでね。日本に帰り、数年後にピクテの日本代表になった。

渡部　そこから「さわかみ投信」設立までの話を詳しく聞きたいんですが。このお話は、まだどこにも出ていない貴重なものです。初期の頃のキャピタルの様子なんか、誰も知らない。

澤上　俺はいつも前しか見ないから、後ろには興味ない。後ろを見ると、前に進むスピードが鈍ってしまうから。だから、これまで過去のことは、あまり話してこなかった。

渡部　しかし、今日は話してもらいます。どうして投信だったんですか？

澤上　それは簡単で、誰のため何のために仕事をするかだ。そう考えると、一般生活者のための財産づくりをお手伝いしたい。せっかく、長期投資という素晴らしい仕事を学んできたのだから、それを世の中に役立てたい。そう考えると、なにがなんでも投信ビジネスをやらなければと決めたわけ。

我々は投資の仕事をしているからわかるじゃない？　年金はこれから駄目になるし、一般の生活者も資産運用をしていかないといけない。運用をしないといけないという時に、日本にはまともに長期の資産形成をお手伝いしようとする投信がなかった。ないなら、自分でつくるしかないなと。ピクテでは、プライベート・バンキングを立ち上げて、機関投資家ビジネスを立ち上げて、数千億円の運用をしていたから無茶苦茶儲かっていたわけ。

そこで3つ目の柱として、投信をやろうとジュネーブの本社に提案した。向こうは、投信などよりも年金ビジネスに力を入れるべきだと、その一点張り。俺としては、あくまでも個人向けに直販の投信ビジネスをやりたいと提案した。両者まったく折り合わずで、ジュネーブの本社と6年間、喧嘩した。

ピクテは、最終的に、投信をやってもいいけど、お前の言うような直販はあり得ないと来た。野村證券とかと組んで、既存の投信と同じように証券会社に販売してもらえと。直販だとスタッフが多くなり、手間がかかって大変だ。ピクテ・ジャパンは当時、社員16人で、けっこう大きな金額を運用して、めちゃくちゃ儲かっていたの。それもあって、わざわざ人手を増やしてコストをかけなくてもいいじゃないかと来た。だから「大丈夫、直販も儲かるよ」といくら説明しても、「人手も経費もかかる」と相手にされない。

本社は「投信よりも年金」と言い、俺は「年金じゃ駄目だ」と言って平行線が続いた。最終的には、いくら投信の直販を説明しても埒が明かないから、「俺は辞めるわ」と言って、現在の「さわかみ投信」をつくったわけ。結局、ピクテには日本代表として17年半、ピクテ・ジャパンの社長として16年の長いお付き合いとなった。

俺は、子供の頃はお金持ちだったんよ。ところが、親父が死んじゃったじゃない。住むところも変わり、めちゃくちゃ貧しくなったの。借金もあったしね。

ところが、そこで人生観が変わったのよ。本当に貧しい人たちの中で生活をすると、みんな貧しいくせに分けっこしたり、優しさがあるのね。

俺は、そういう人たちが少しでも楽になれるように、長期投資でもってお手伝いしたいと考えている。それが原点なんよ。その最高の器が、投信なんだ。

本物の長期保有型投信ならば、誰もが参加できて、みんなが良くなれる。貧しい人たちが分け合って生活する優しさを、もっと広めていかないといけない。みんながいい思いをして、生活レベルを上げてもらう。

　多くの人々がどこまで信じているかどうかは知らないけれども、年金が１００年大丈夫だとかで、のんびり構えてはいられない。我々は仕事上、このことはよくわかっている。だから、なんとかしないといけない。そう、強く思う。

　さわかみグループの行動原理は、一言でいえば、〝公憤《こうふん》〟なんよ。公の憤り。世の中違うよ、おかしいよな。不条理と不合理。これでいいのかよ。それじゃあ、俺は世の中のために何ができるのか？　これが「さわかみグループ」の原点なんだよ。だから、どうしても個人に直販する投信をやりたかった。

　日本の個人のためにやらないかん、って思ったからやったわけ。もともと、ピクテの頃から種を蒔いてたんだけど認めてくれんから、しゃあない。これをやらせてくれていたら、ピクテも辞める気なかったんだけどね。

渡部　澤上さんのそのレベルの高い発想に、一緒にやるぞと最初に言ってくれた人はいたんですか？

澤上　いないよ。一人だよ。俺のやろうとしていることが、わかるわけないじゃない。だから、最初の一年と少しは俺一人。一年半ぐらいしてからようやく女の子がちょこっと手伝ってくれて。

二年近く経ってから、東海大学でサッカー部のキャプテンをやっていたヤツが入った。俺も大学時代にキャプテンをやっていて、こちらはフォワード、向こうはセンターバック、「ちょうどええわ、頼むわ」と一人入ってもらった。だけど、営業しないしやることもないから、俺は本を書いたりしていた。

10年間真っ赤っ赤。澤上個人の借金が10億円を超えたが、歯を食いしばって頑張った。

澤上　最初は投資顧問。独立して投信を始めようと考えた当時は免許制であって、受益者からの預かり資産額3000億円が申請の第一条件だったわけ。投資顧問会社として預かり資産3000億円を達成するのは、とんでもなくハードルが高かった。それでも、やってやろうと思っていたわけ。
ところが、ありがたいことに、1998年に日本版金融ビッグバンの一環として、証券投資信託法が改正された。投資信託ビジネスが認可制へと移行し、参入規制が大幅に緩和されたのよ。

要するに、イギリスのサッチャー首相が旧態依然とした金融界を抜本的に規制緩和し、グローバルベースでの競争原理を持ち込んで、ロンドンの金融街シティを大発展させた。それを日本にも導入しようということになったわけ。そのおかげで、「さわかみ投信」をスタートさせることができた。

もちろん、投信業務の認可を取得するといっても役所が相手で、しかも俺のが初めての認可申請だったから大変だった。

しかし、それ以上に苦労したのは、投信ビジネスを始めてからだった。今は純資産額が5000万円を割ると認可取り消しだけど、当時は1億円だった。だから、10年間、真っ赤っ赤の赤字経営で、俺の個人借金が10億円を超えたわけ。

どういうことかというと、純資産額が1億円を割っちゃいけないんだけども、こっちは赤字だから割るに決まっている。だから、9月、3月、9月、3月と毎半期ごとに、俺が個人で借金をしては増資をしていったわけ。なにがあっても、1億円を切るわけにはいかない。あの頃は金利が高かったから、毎月の利払いが160万円。きつい、きつい。

今から思い出しても、ようやったと思う。資本参加をしたいというオファーは、いっぱいあった。だけど、ほかから資本を入れたりすると、経営の一貫性が保てない。俺がやりたい方向でやる。ヘタに資本を入れたりすると、わけがわかんなくなる。だから、何が何でも自分の単独資本でと、歯を食いしばって頑張った。

渡部　よく銀行が貸してくれましたね？

澤上　俺は意外にまともで真面目だから、銀行は一行しか使ってなかったわけ。第一勧銀有楽町支店。たまたまピクテの頃からの付き合いだったから。

経営内容はずっとさらけ出していたから、向こうは、〝事業は順調に伸びてはいるんだけど、運転資金が必要だから金がいる〟と、ちゃんと理解していた。3000万円までの融資なら支店長決裁。これを超えると本店審査となり、それだと赤字経営をつかれて融資が終わってしまう。だから3000万ずつ、借りていった。

渡部　すごい綱渡りですね。

澤上　最初は、預かり資産が180億とか200億円にいけば、黒字化すると考えてたわけ。ところが、日本で初めての投信直販だから、顧客口座管理のシステム開発なんかにお金がかかるわけ。それも顧客口座の急速な増加と追いかけっこでね。預かり資産が、300億円になっても赤。400億円になっても赤。結局700億円近くになって、ようやく黒字になった。その間が一番きつかった。預かり資産が増えているから嬉しい悲鳴だったけれども、先行投資に次々とお金がかかるわけ。

渡部　10年頑張って、遂に黒字化したわけですね。澤上さんは50歳で独立されて、10年間「さわかみ投信」が赤で、借金が10億円を超えて、年齢的な意味も含めて不安はありませんでしたか?

澤上　全然。だって、預かり資産は増え続けていたからね。しかも、長期投資の成績を出す自信はあったから。

渡部　それが20年前。その頃は小さいフロアでしたね。

澤上　俺は過去は振り返らないから、当時の写真もなにもないよ。それはともかく、悪戦苦闘していた頃がウソのように、収益が出るようになったら楽になったね。

収益化できた瞬間から、もう社会貢献を始めた。「さわかみ投信」は、世の中に良かれと思ってやっているわけで、金儲けのためじゃないからね。だから赤字の時は仕方がなかったけど、黒字になったら植林だとか、いろいろな社会的な活動にお金をつかい始めた。なかでも熊野古道の修復に関しては、ウチが日本で一番実績があるの。

渡部　累損が一掃されたのは何年目なんですか?

澤上　会社の累損は、黒字になれば案外早く片付いた。ファンド資産が７００億円を超えたら、すぐに１０００億円になった。ところが、俺個人には10億も借金があるから、もしも俺に何かがあった時に、その借金が相続になり、誰も返せないと。どうしたらいいのか？徹底的に調べて考えた。

それで合同会社、つまり現在の「さわかみホールディングス」をつくり、ホールディングスが銀行から金を借りて、俺から株を買い取り、買い取ってもらったお金でもって借金を返した。

渡部　それが創業何年目ぐらいなんですか？

澤上　14、15年目ぐらいじゃないかな。だから「さわかみ投信」の株はホールディングスがほとんど持っていて、俺は1株だけ。だけど議決権は俺にある。

渡部　澤上さんといえば成功者で華やかに見えますが、そこまでになるのは大変だったんですね。

澤上　もともと俺は、世の中のために良かれと思ってやっているじゃない。そう思って頑張っていたら、信じられないけど、お金もなんとかなった。

本来はピクテ・ジャパンの社長を辞める時に、退職金規程をつくっていたら、めちゃもらえたわけ。ずいぶんと実績を積み上げていたからね。しまったなと思ったりしたが後の祭りよ。

まあ、そんな感じで俺はお金にそれほど執着がない。グループが大きくなった今も忙しいから、お金をつかっている暇もないし、給料にも興味はない。子供は3人いるけど、それぞれ自分で稼げるようになったしね。

俺が現在もらっている給料も、大した額じゃないよ。だけど、7割ほどは寄付しているよ。要らないもん。自分の贅沢とか、まったく興味がないしね。楽しみは、せいぜい安いワインを買っておいて、みんなで飲むだけ。飲み歩きも興味がない。今着ているシャツも1300円ぐらいのもの。贅沢品には全然興味がないの。でも、事業には興味がある。

渡部　だから事業家なんですね。私は自分がまだまだ甘いなと思います。反省も含めて。

澤上　そう、事業家だから、経済や社会にお金をまわすことには興味がある。だけど、それは自分の生き方であって、ほかの人はそれぞれの人生を好きにやればいい。俺はそういう考え。

俺は、時々外で食べても餃子ライスにビール一本つけて、1200円か1300円。これで十分幸せなんだよね。銀座に繰り出す人もいるじゃない。それはその人の好き好きだけど、俺には興味がないだけ。

長期投資は将来の社会のため。俺は、子供たちによりいい日本に生きてもらうために投資をしている。

渡部　長期投資を世の中のためと考えれば、日本には〝利他〟の精神がありますものね。だから私は日本が好きなんですよ。

澤上　そういうことよ。長期投資は将来の社会のために行うもの。世の中のために行うもの。だから日本人にできない理由がないわけ。そこが俺の基本的な問題意識であり、挑戦なの。

〝陰徳《いんとく》〟という言葉があるじゃない。日本にはいい言葉がいっぱいあるのに、それは今、どこにいっちゃったの？　と思うわけ。

現在、いい大人が、いい年こいて、老後が不安だとか言っているじゃない。俺も間もなく76歳だから言えるけれども、お互いもういい歳なんだから不安だったら死ねよ、と言いたくなるわけ。「早く死になよ。死んだら不安はなくなるぞ」と。

いまの年寄りは、自分たちの幼かった頃を思い出して欲しい。親たちは貧しい生活をなんとかしようと、朝から晩まで必死に働いた。それでもお母さんは夜なべをして、服が破れたところなんか、繕《つくろ》ってくれたりもした。大人たちはみんな一生懸命にやってくれた。それは何のためか？　子供たちの将来のために頑張ってくれたはず。

みんなそんな思い出を持っている。それなのに昨今は、いい歳をこいて、「自分が、自分が」と言うばかり。子供の、さらにその子供の将来を考えているの？　と俺は怒りたくなる。

俺は、子供たちによりいい日本に生きてもらうために、長期投資を広めようとしている。

渡部　海外では、昔の日本のようにみんなで互助するというのはないんですか？

澤上　ヨーロッパには〝利他〟という言葉はないのよ。でも、社会のためといってやっちゃう。利他の行動ができる人は山ほどいる。このギャップが好きなの。

俺はピクテをはじめ、あちこちで散々見てきた。ヨーロッパにはお金持ちの〝お〟を5000回、10000回つけたくなるような、お金持ちファミリーがいっぱいいるわけ。

渡部　その人たちは、具体的にどういう人たちなんですか？　苦労人で成功した人たちなのですか？

澤上　違う。いわば渡部家のファミリーよ。1代じゃないよ。6代、13代続いて、気がついたら50年とか200年近くになっていて、いつの間にか、渡部家のファミリーアセットが700億円とか3000億円とかになっているわけ。一方、成り金の連中は、すぐにお金がなくなってしまう。

ところが、そういうファミリーというのは、自分の生活と資産は別なの。どういう考え方をするかというと、自分は自分で働いて生きていくわけ。ファミリーの資産は、お天道様からお預かりしたお金なの。そのお金にどういうミッションを与えられているかということ、世の中に良かれと思う方にまわせと。

渡部　そういった家訓みたいなのがあるのですか？

澤上　そう。そういうファミリーの教育をきちんとやっているから、意外と贅沢はしないの。だって贅沢をする気になれば、いつだってできる。だから、今日も明日も別に贅沢しなくてもいいかとなる。そんなわけで、年に2、3回しか贅沢しない。お金のほとんどは、世の中に良かれと思うほうにまわしているわけ。

そういう家訓をきちんと守っているファミリーだけが、資産も守れるわけ。そんなファミリーでも、わけのわからないガキンチョが出てきて、お金を野放図につかい始めたら、あっという間になくなる。騙《だま》されたりしての没落はいっぱいあるの。だから、13代、17代かけて、5000億円とかになったファミリーには、ファミリーの哲学があるわけ。そういうのを大事にしているわけ。

渡部　すごいですね。

澤上　例えば子供が生まれるじゃない。子供は小さい頃はまだ動物だよね。何もわからない。それが20歳ぐらいになって、ようやく親は話してやるわけよ。

親は、そろそろこの子に、うちの資産のことを言おうかと。自分の子供に理解力が不足していると思ったら、35歳とか36歳になって言うわけよ。

「うちにはこれだけのお金はあるけれども、これは贅沢のためのお金じゃないんだ。世の中にどんどんまわしていくお金なんだ」と。

投資だよね。本当の投資。そのために、お天道様から預かっているんだよと。自分は本業で一生懸命に生きていくけれども、お預かりしているお金と一緒にはしないわけ。そういう、ちょっとすごい世界なのよ。

だけど、ここは日本。たくさんの人に「さわかみ投信」に参加してもらって、そういうプチお金持ちを俺はつくりたいわけ。本書でもずっと話しているように、すごい投資家を大勢つくりたい。自分のための儲けではなく、世の中の良かれと思うほうにお金をまわしていく投資家をつくりたい。

渡部　ヨーロッパのそういうファミリーにはいわば、使命があるんですね。

澤上　そう。使命感があるわけ。お金は貯まったけれども、多くの人はそこで止まっている。その後どうするんだ？　お前は？　と、自分に問うわけだ。お金を持つにふさわしい人間になっていかないといけない。

渡部　ノブレス・オブリージュということですか？

澤上　ノブレス・オブリージュは、それに近い。ノブレス・オブリージュとフランス語で言うけれども、これは高貴なところに生まれし者の責任。だけど、これはほんの一部なの。単に生まれただけじゃない。高貴なところに生まれて、さらに高貴に生きる。ファミリーが大切にしてきたファミリー哲学。自分は自分で生きていけるんだから、世の中のために何ができるか考えろと。

渡部　第一章と第二章でお話をして、長期投資の本質をお聞きすることができました。本物の長期投資は、まさに、すごい！　の一言。目からウロコの話ばかりです。長期投資の塾をやっている私ですら、結局、本当の意味での長期投資を理解していないことがよくわかりました。

第三章
40年に一回の大暴落がやってくる

この40年間、株式も債券も上がってきた。このバブルがそろそろ終わる時期にきている。

澤上　なぜ、これからインデックスが駄目になり、個別株投資の時代がやってくるのかって？　それは、こういうことよ。この40年間は、世界の投資市場において、かつてないほど、きれいなパラレル状態だったわけ。株式市場も上がるわ、債券市場も上がるわ、長期金利はずっと低下していくわで、完璧なるパラレル状態だったの。

　こういう状況が長く続くのは、歴史上なかったことなの。この状況であれば、どんな投資でも利益を上げることができたわけ。株式市場も為替も全部上がっていたから、インデックスでも良かったわけ。別にアクティブ運用でなくても良かったの。

　すべてが上がっていたから、投資家の間で運用の差も付かなかった。パラレルでなければ運用の差が出てくるのだけれども、全部が上がっている時は、アホでも運用ができたわけ。

渡部　そのとおりですね。

澤上　ただ、それはここまでの40年間の話なの。先ほども話したように、こんなに全部が長期にわたり上がるなんてことは、投資の歴史を見ればすぐにわかるけれども、これまで一度もなかった。

「アセットアロケーション（資産配分）の切り替え」というのがあるわけ（図4参照）。景気は上がったり下がったりするでしょ。

不景気の時から景気が良くなるまでは株式投資の時期なんだよ。株が上がる時期。不景気の時は金利が低い。金利が低いというのは、家計所得を奪って企業への所得移転をさせているわけ。景気が悪いということは、株価も安い。しかも、企業に所得移転をさせて、企業に頑張ってもらおうとしているわけだから、株を買っておくのがいいわけ。

次に企業が頑張り、景気が良くなり、しだいに金利が上がっていく状態は、法人部門から家計部門に所得が戻る時期。

金利が高くなれば、金利収入を稼ぐだけで十分な投資になるので、株はだんだん売り上がっていって、現金運用で金利を稼ぐのがいい。

金利が高くなればなるほど、企業活動は鈍くなり、設備投資もしなくなるから、だんだん景気は悪くなってくる。景気が悪くなると資金需要が減って金利は下がってくる。そこからは債券投資のタイミング。

債券は、金利に反比例して価格が上がるので、金利低下時には債券を買う。同時に、どこの国も低金利政策に走る。これは、家計部門から法人部門への強制的な所得移転なの。とにかく今は、企業に頑張ってもらわないと景気は良くならないから、家計は我慢しなさいというわけ。この時は先に話したように、もちろん債券を売って株を買う。

こうして、株式→現金→債券→株式……と運用対象を変えることを、「アセットアロケーションの切り替え」と呼び、投資運用の鉄則。景気や金利動向を先取りして投資対象を替えていくことは、時間分散でもあるわけ。長期投資では、これをきちんと行う。それだけで、80％ぐらいの利益が出るわけ。

「アセットアロケーションの切り替え」は、長期投資においては、ものすごく合理的な行動なのよ。ところがこの40年間は株式も債券も、すべて上がって、この鉄則を行う必要がなかったわけ。そうなると、アホみたいにインデックスを持っているだけで儲かったの。債券も持ちっぱなしで良かったの。

だけど、現在その状況が終わりに差し掛かっている。だから、これからはインデックスも債券も駄目になる。

渡部　でも、いい企業の個別株は別ですよね。

アセットアロケーションの切り替えは時間分散でもある

図4

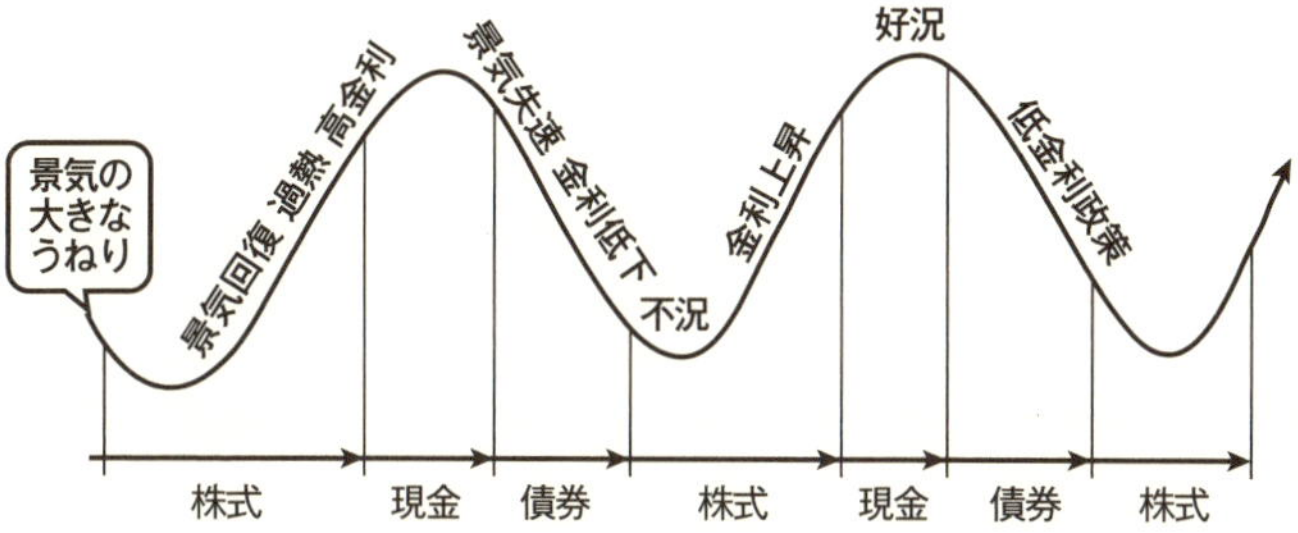

◎景気の大きなうねりを先取りする方向で資産配分を切り替えていく

◎不況時から景気が回復し、過熱気味となってくるまでは株式100%でいく

◎金利が相当に高くなってきたら、株式を売り上って利益確定し、
預金運用で金利を稼ぐ

◎金利が失速に入ったら、預金を崩し債券投資にシフトする

◎金利低下から低金利政策が続く間では、債券の値上がり益を得ていく

◎相当に不況風が強くなった頃から、債券を売り上がっていき、
ボロボロに売られている株式を買いにいく

◎この一連の、〈株式→現金→債券→株式〉という資金配分の
切り替えを時間分散というが、きわめて合理的な投資活動となる

澤上篤人作成

澤上　そう。株式から現金に変える時も、いい企業の個別株は、2、3割は残しておいていいわけよ。個別株であれば、ポジションは減らすけれども、持ち続けていいわけ。ところが債券は、金利の動きに従うから、すべての債券は同じ動きをするわけ。だから、一斉に買ったり売ったりする。

インデックスに関していえば、先に話した「アセットアロケーションの切り替え」でこれからは金利が上がる時期に来ているのだから、遠からず必ず暴落するよと言っているわけ。

特に、ここまでゼロ金利に甘えてきている企業が多い。そういう企業は、金利が上がることに耐えられない。でも、そんな会社もインデックスには入っている。

金利が上がると、そういったゾンビ企業はどんどん潰れていく。潰れてなくなるまではインデックスの価格に表示される。ところが、いい会社は残るわけ。我々は個別株投資で、いいのだけを買っている。インデックスは駄目な会社も入っている。それだけのことなんよ。

渡部　丁寧な銘柄選びが大事になってくる。

澤上　丁寧な企業選び、それが本来の株式投資なのよ。インデックスなんてのはありえないわけ。株式投資は個別株投資なんだよ。それが、本質なのよ。

渡部　確かにおっしゃるとおりで、今後、本質に戻るんですね。

過剰流動性と年金の資金純増による爆買いが逆回転。今後必要なのは個別株を見分けること。

澤上　そういうこと。株式投資には、もともと平均株価もクソもないのよ。これから本質に戻るいいタイミングだから、そのあたりを熱く語ろうというのが本書のテーマなの。

本質こそが、個別株投資こそが、株式投資の面白さなんよ。

最初に話しておきたいのは、70年代から80年代の前半にかけての世界的なインフレだ。インフレで金利がバーンと上がった。瞬間、15・8％まで金利は上がった。それが１９８3年からは、ずっと下がり続けてきたわけね。

もう一つあるのは、60年代の終わりから70年代前半にかけて、先進国中心に年金制度が整備されてきた。すごい勢いで年金の積み立てが始まったの。70年代後半からは積み立てが急に加速しだして、俺もびっくりしたもん。なんだこりゃ。すげえぞと。年金資産がどんどん積み上がり、それを運用するために株式、債券が買われるという展開となっていっ

米国株の復活の裏に年金マネー

図5

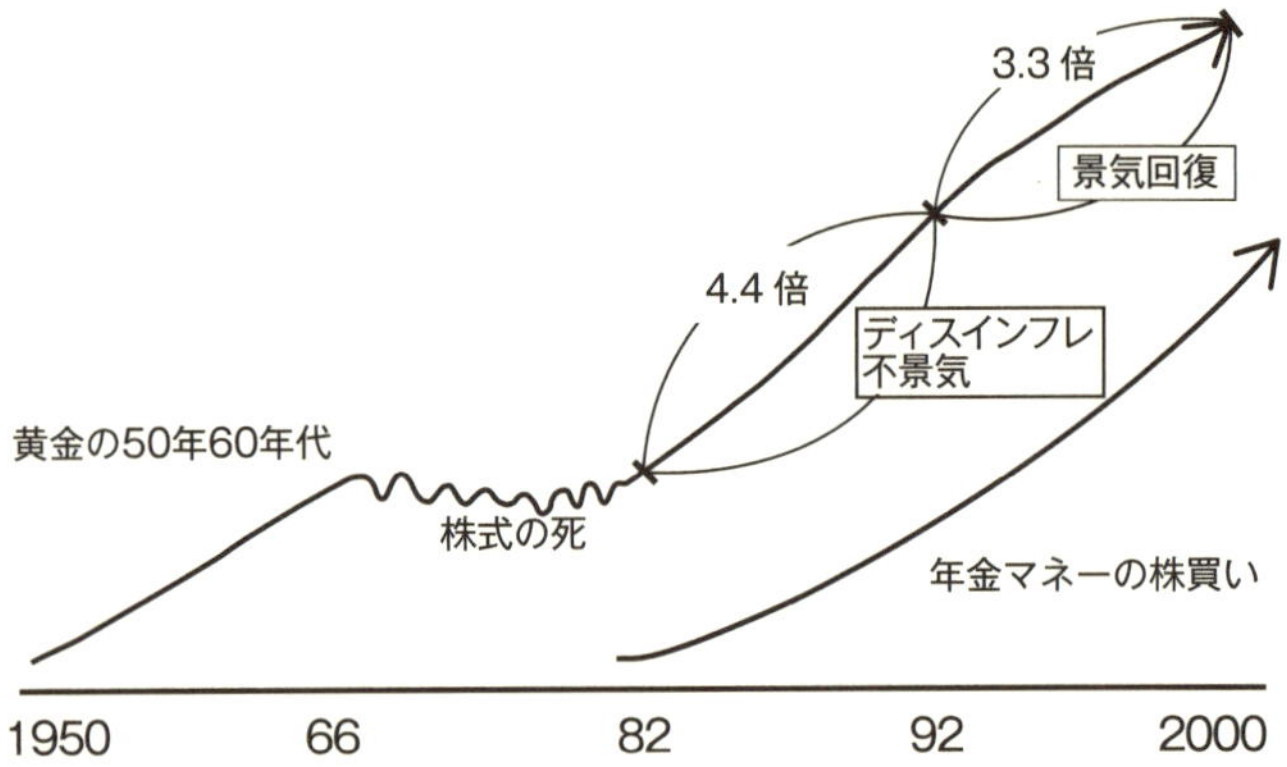

●米国の株価は82年8月からの復活の途についた

●年金マネーのコンスタントな株買いが最大の株価上昇要因である。

澤上篤人作成

た（図5参照）。

うまい具合に金利も下がっていたから、年金が買って買って買いまくる。だから80年代からずっと40年、株式も債券も上がり続けていた。

渡部　そうですね。

澤上　過剰流動性もあった。図6、図7を見てもらえればわかるけれども、この40年間は世界中、立て続けに金融緩和をやってきた。過剰流動性と年金の資金純増による爆買い。それがこの40年、パラレルに株も債券も上がってきたベースだったわけ。

ところが、ここへ来て、インフレになって金利が上昇してきているから、「アセットアロケーションの切り替え」では、現金化のタイミングになってきていることは先ほど話したよね。

第二に、年金資金そのものも、逆転を始めているということがある。年金の制度が整っているのは、先進国だけ。その先進国はどこも高齢化している。だから9年、10年前から、毎年の積み立てよりも、支払いが多くなってきている。現在は、資金のプールが大きいから、年金資金が減少しているのが、あまり目立たない。しかし、はっきりと純減に入っているわけ。日本は２００９年からもう13年、年金資金の純流出が続いている。これはいず

大量のマネー供給の歴史

図6

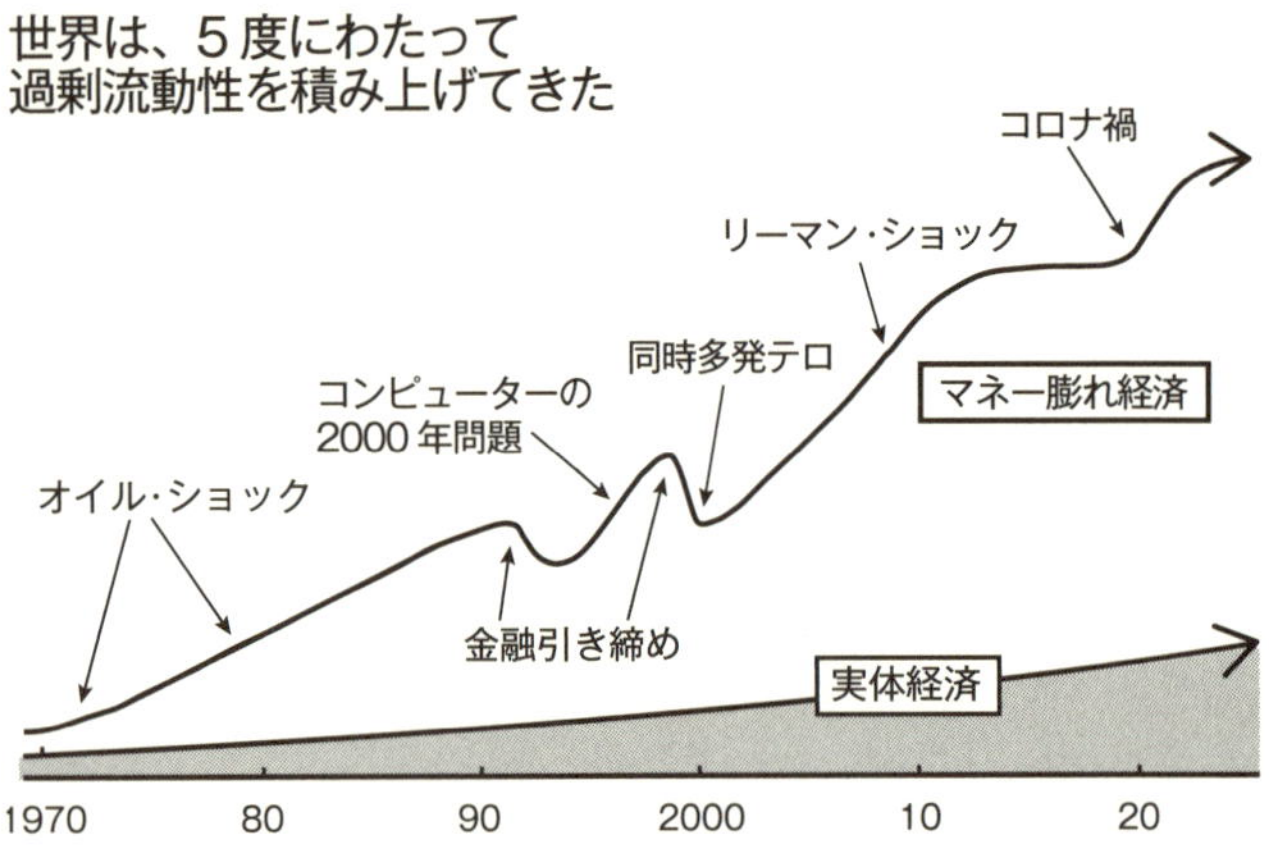

イメージ図

●1994年と2000年には大量のマネー供給、つまり過剰流動性は危険という認識があった。

●ところが、2001年の同時多発テロ以降の資金バラ撒きでは、過剰流動性という表現すら聞かれなくなった。

澤上篤人作成

れ、効いてくる。

過剰流動性と年金の資金純増による爆買い。これが逆転に入っているのが現在の状況なの。今後、大暴落が起きて大混乱になるのは必至。しかし、その混乱のあとに、当たり前の、本質的な投資環境に戻っていく。普通に戻れば戻るほど、きちんとリサーチをして、良い企業を選ぶことができる渡部さんたちや我々の出番よ。

渡部　なるほど。私は金利を調べたことがあって、少なくとも明治維新後は、ざっくり30年上がって40年下がる。30年上がって40年下がる。そういう70年が2回あるんですよ。なので、そろそろ上がるところに来ているだろうなというのは、そのサイクル論でずっと感じていて。

澤上　サイクル論は面白いんだ。なんか理由があるようでないようで、歴史を見ると意外に当たるんだよね。不思議なんだ。

渡部　じゃあ、金利がどこまでいくかという話もざっくりなんですけど、金利の歴史を調べたことがあって。弥生時代から金利らしきものはあったんです。貸稲（イラシイネ）といって、お米を貸し借りする制度があって、その金利を今流に利回りで換算すると、6％ぐらいらしいんですよ。その後、日本でもずっと金利らしいものがあって、どれもだいた

図7

1971年8月	ニクソン・ショック → 金・ドルの交換停止、米ドルの変動相場制移行
1973年10月	第一次オイルショック → 1バレル3ドル以下から10～11ドルへ。第四次中東戦争に端を発した。
1979～80年	第二次オイルショック → 1バレル30～34ドルへ
1987年10月	ブラックマンデー（暗黒の月曜日）
1991年12月	ソビエト連邦が崩壊
1997年頃から	コンピューターの「2000年問題」
2001年9月	米同時多発テロ
2001年10月	対テロ戦争
2003年3月	イラク戦争
2007年8月	パリバ・ショック（サブプライム・ローン問題発生）
2008年9月	リーマン・ショック（米大手証券会社・投資銀行リーマン・ブラザーズが破たん）
2020年3月	新型コロナウイルス感染症（COVID-19）のパンデミック（世界的流行）宣言

澤上篤人作成

い6%なんですよね。

なので、なんとなくですけれども、先ほど話した30年という長い流れですけれども、今回もそのあたりに向かうのではないかという感じがします。

澤上　そのあたりに収まっていくんだろうね。だけど、マーケットは一回は、必ず大きく振れて、行き過ぎるものなんだ。静かに収まるなんて、あり得ない。

渡部　じゃあ、一回12%ぐらいはいきますね。

澤上　いくんじゃないの。どこまで振れるのかは、わかんないけどね。10%とかは十分にあり得る。人間の行動だから、みんな債券をたっぷり抱え込んでいるんだから、それらを大慌てで売るから、止めようがないよ。

アメリカの長期金利を150年ぐらいの時間軸で見ると、インフレはだいたい平均すると3・8%ぐらいなんよ。だから逆に言うと、投資運用、財産づくりでは、インフレプラス2%とか3%で、6%、7%が一つの目処《めど》となる。投資って、だいたいそんなものだよ。

これまではインデックスはずっと上がってきたわけだが、これからは、そうはいかない。つまり、そう簡単に投資収益をあげられなくなる。

渡部　株式全体が下がっても、上がる銘柄はありますから、そういう会社に眼をつけないと。

澤上　そう、たとえ金利が上がって、ものすごく大変なことになっても、いい会社の株はいずれは上がってくる。その時には、インデックスは地べたを這っているだろうし、しばらくは浮いてこない。その点、個別株の中でも、いいものは一回叩き落されても、すーっと上がってくる。ここが違う。

これを40年ぶりに、みんなが初めて実体験するわけ。

インデックス運用なんてものは76年にバンガード社のジョン・ボーグル（世界初の個人投資家向けのインデックス・ファンドを設定した人物として知られている。「インデックス・ファンドの父」とも呼ばれている）が世に出した。それが投資家の間で認識が高まったのは、80年代からなんよ。

インデックス運用の原型みたいなものが登場してきたのは1973年の暮のこと。俺は、米国の運用現場にいて、仲間と「なんか変なものが出てきたな」と語り合っていたものだ。その後、76年にボーグルがバンガード500（S&P 500インデックス・ファンドの前身）を出したが、それでも全然といっていいほど認識されなかった。ところが年金運用が始まり、80年代から、一気に人気化した。

渡部　なるほど。年金でベンチマークってあるじゃないですか。TOPIXとか。あれは、いつ頃から始まったのですか?

澤上　いい質問だ。俺は諸悪の根源は年金だと言い切っているから、何でも言えるんだけど――。もともと投資というのは長期投資であり、それとディーリング運用があっただけなんだよ。

投資は長期で考えるのが当たり前だった。とりわけ、その最たるものが年金なの。だから年金は始めから、10年、20年の時間軸で考えて運用していたわけ。ところが70年代の終わりぐらいから、年金資金が急速に積み上がりだして、世界が驚いた。

なんだ、こりゃと。世界中の運用会社が、「このビジネスチャンスを逃す手はない」と、一気にマーケティング競争にのめり込んでいったわけ。

マーケティング競争をし始めたら、10年、20年の時間軸で成績を競ったって、マーケティングにならないじゃん。

だから、5年、いやいや3年、いや、毎年の成績評価だと、あっという間に毎年の成績を追いかけるようになったわけ。そうすると、毎年の成績の評価基準として、ベンチマークが必要になってきた。マーケティングのためのマーケティングツールだね。

渡部　80年代の前半に始まったわけですか。

澤上　そう。俺は70年代の初めから世界で運用をやってきているから、すべて見てきているわけ。70年代の終わりから80年代前半、インデックスというおかしな運用が顔を出してきたなと思っていた。

　昔は、運用ブティックっていって、すごくこだわりのある運用会社がいっぱいあったわけ。それが大手金融機関にどんどん吸収された。大手金融機関は、ブティックの名前を使ってマーケティングをするわけよ。5年、10年経って、名前が通用しなくなったブティック名は捨てられていった。

渡部　金融だとわかりづらいんですが、同じことが各所で起きていて、例えば、今の話はスーツの仕立て屋と同じなんですよ。

　ブティックがいっぱいあったのに、青山商事でいいじゃんとなっちゃって。ところが、みんなが青山商事を着ていて、やっぱりちょっとテーラーが欲しいなと思っても、すでにそういうところはなくなっているんですよ。

澤上　ブティックは、それぞれ得意としている運用スタイルがあり、そこで腕を競えたわけ。だけど、年金資金が急速に積み上がって、ひたすら株式投資だとなると、みんなが買うから株価全般がどんどん上がっていったんよ。

加速度的に膨れ上がる年金マネーがアホみたいに買い上がっていったから、どの株を買ってもいい。丁寧な個別株投資など必要がないとなった。個別株リサーチすると、コストがかかる。インデックスはコストが安いので、みんながインデックスに走った。そうなると運用力での差がつかなくなるので、運用の評価基準を定めようということになり、ベンチマークが出てきた。

渡部　過剰流動性の崩壊と年金の流出で、世界的にインデックスは下がる。

澤上　インデックス運用は冬の時代に叩き込まれ、おそらく10年は低迷するだろう。もっとも株価は、長い目では上がっていくので、いずれはインデックスも上がる。

ただ、金利は上がってきたし、これまでのように何でも上がる状態ではなくなる。そうなると、みんな個別株投資の方法がわからなくなっていて、株式投資が難しいと嘆くことになる。

そこからは、ぼやっとしたインデックスじゃなくて、丁寧な投資が必要になってくる。だから、渡部さんのように『会社四季報』で良い企業を見つけてもいいし、自分なりの方法で個別株を徹底リサーチするのでもいい。勉強をして投資をすれば、インデックスとは、はるかに違う成績になるよ。

コンピューターにやらせておいて、何がプロだ。我々は株価ではなく企業を見ている。

渡部　澤上さんのご経歴と私のそれが違うのは、最初にお話をしたように、私は日経平均が一番高いところで野村證券に内定をもらっているんですよ。だから、入社したところから——。

澤上　冬の時代。

渡部　そう。日経平均が8割下がるんですよ。その中でソフトバンクとかニトリとか、ユニクロ、楽天……こういうのがいっぱい出てきて、個別株がめちゃくちゃ上がったのを見ているわけです。だから、インデックスの良さを肌で感じていないし、いいとは思っていないんですよ。そもそも、なぜインデックスを重視しなきゃいけないのか？　そこだけは徹底しているんですよ。なんで個別株を見ないのか？　と常に疑問に感じていたんですよ。

　メディアも含めて、インデックスが儲かるみたいなことを言うから、みんながそっちに行っているのではと強く感じていたんです。

澤上　まあ、いよいよこれから世界的にもインデックス運用がドスン！　と来るわけよ。いずれは猫も杓子も、インデックスだ、インデックスだと言わなくなる。そんな展開に我々のほうが先鞭をつけるわけだ。

渡部　と思いますね。

澤上　インデックスは、もともと俺は馬鹿にしていたけどね。

渡部　ええ。私も馬鹿にしているんですけど。

澤上　株式投資はそんなに甘いものじゃないからね。みんな考えもしないで買っている。冗談じゃないって。

渡部　インデックスはある意味、確かに手抜きですよね。運用会社も、インデックスを買っておけばと考える。まさに手抜きです。

澤上　手抜きでも運用になったのは、２つ理由があって、一つは年金マネーを中心に資金が流入し続けてきたから、運用もどきをやっていても株価上昇に乗れたわけよ。何を買っていても上がるから。この対談でもずっと言っているように、アホでもやれたんよ。

その典型が世界の機関投資家ね。全然勉強していないし。ベンチマークで数字を追っかけているだけじゃない。

渡部　そうですね。

澤上　2つ目は、そういう楽な状態での運用をずっと続けたから、アクティブ運用ができなくなっている。渡部さんのように『会社四季報』を読む人なんて、機関投資家の中にいないもの。

渡部　いないです。

澤上　どんどんリサーチチームは縮小しているしね。本当にひどいよ。これは日本だけじゃないよ。世界中、そうなるの。

渡部　みんなが楽ばかりをする。

澤上　うん。年金中心に預かり運用資産がどんどん大きくなっていった。そうなると、個別株リサーチも、丁寧な運用も、大変でやってられないから、コンピューターにやらせるようになっていった。その点、かつての運用ブティックというのは、ある程度、自分でサイズを決めていたの。うちは丁寧に個別銘柄投資をするから、5000億円がマックスよ、うちは3000億円がマックスよとか。それ以上は、まともに運用できないから一切お金は入れないと断っていた。運用会社の見識であり、良心だね。

ところが年金資金だ、それマーケティングだとなって、どこも運用会社からマーケティング会社に変わっちゃった。マーケティング会社なんだから、いくらでも運用資金を集めろと。自分のところの運用できる資金の容量を超えちゃうと、インデックスやコンピューターでしかやれないとなる。

株式投資では本来のアクティブ運用ができなくなった。これからアクティブの時代に戻っていくけど、戻っても、そう簡単には、アクティブ運用の腕が、力がつかないよ。だから運用もきつい時代になる。

そうなると、渡部さんのところにしても、俺のところにしても、かなりリードしている。5年から8年はリードしている。世界を含めて。これはでかいよ。

渡部　おっしゃるとおりです。

澤上　今から個別株をやりますといっても、すぐ簡単にはできないのよ。

渡部　澤上さんもおっしゃるように、我々は、個別株というと株に聞こえますが、株じゃなくて企業を見ているわけです。だけど、現在の運用、パッシブというのは株価を見ているんですね。

澤上　そう。

渡部　そこがすごく大きくて、現在は株価が上がればいいんだろうっていう発想が主流なんですけど、それはまったくおかしな話です。それは結果論の話であって、企業があるから株価がつくわけで、現在の運用のプロの多くは、そもそもその会社自体を見ていないというところに最大の問題点があるんですよ。

澤上　そう。だからプロとは言えない。

渡部　プロじゃないと思います。

澤上　コンピューターにやらせておいて、自分は何をやるんだ。プログラマーかと（笑）。投資家のプロでも何でもない。コンピューターがやってるんだもの。それをプロだなんて、笑っちゃうよ。

渡部　そうすると、澤上さんがおっしゃった「自分が応援したい会社・好きな会社の株を買う」＝「株式投資は情緒的なものだ」というお話も、私はすごく共感するんですよ。それはなぜかというと、確かに私は『会社四季報』を参考にします。ただ、これはあくまで定量判断で、人材採用で言えば、書類選考みたいなものなんですよ。おおざっぱに選ぶ。ただ、その後は、最終的には候補者に会って、人となり、いいね、お前は気に入ったっていう、ほとんどそれで決まるんですよ。

それと株式を買うのも同じなんですよ。最終的には、理屈はむしろ必要がないんですね。

これを定性判断って言いますが、基本的には、株式は定性判断が8割以上だと私は考えていて。

澤上　まったく、そのとおり。だって、我々は暴落相場を買いにいくよ。といっても、そう簡単に買えるものではないよ。3500億円も、お客様からお預かりしているじゃない。ものすごい責任感があるから、いい加減にできないよね。それでも、これとこれは、勝負するんだと、暴落相場を断固として買いにいく。この企業はなにがなんでも応援するのだと、それこそ、感情丸出しで買うんよ。

少子高齢化だろうがなんだろうが、伸びる会社は伸びる。極端に言うと、別に成長しなくてもいいんだ。

渡部　評論家の中には、「日本株は、少子高齢化、人口減少で先は暗い」と馬鹿なことを言う人もいます。

澤上　それは、本当に馬鹿なマスコミや評論家の言葉よ。真の投資家は、そんな戯言《たわごと》は言わないよ。少子高齢化だろうがなんだろうが、伸びる会社は伸びるんだよ。

世界が成長していくから、日本がどうであろうと問題はないよ。

例えば、ネスレってあるじゃん。世界最大の食品会社。売上は12兆円、13兆円。キリン、アサヒ、サッポロ、味の素、カゴメなどを5つ6つぐらい束ねて、ようやく一緒ぐらいの会社ね。これはスイスの会社。

ところが、スイスなんて780万人しか人口はいない。そのうち100万人が外国人。だからスイス国内は、ネスレの売上の3％なんだ。97％は世界。国連に加盟していない国も入れると、280カ国ぐらいで商売をやっているわけ。

最近、アクティビストにちょっと騒がれているけれども、そんなのお構いなしにネスレは長期で安定して、堂々とやっている。スイス国民はネスレの株を買っておけば、自分年金になるじゃん。そう考えたら、人口が減ろうが、関係ないじゃん。

これが個別株の強さなのよ。丁寧に企業を見ていく。そしたら、日本経済の先行きが暗いとかとは関係なく、頑張っている会社はいくらでも見つけられる。ここなのよ。大事なポイント、これが個別株投資の肝なんだ。日本の企業も、これからグローバル化で伸びる。トヨタはだいぶ来ているけれども、本当のグローバル企業になるのはこれからなのよ。

渡部　現在、株式市場の評価の仕方って、まさに「人口が増えれば生産が伸びる、だから買いだよね」というのが当たり前のように言われているんです。つまり、成長＝株価で、成長する会社以外は上がらないような雰囲気になってきたんですけど、私は違うと思っているんですね。

澤上　俺も、馬鹿にしている。そんなの。

渡部　ええ。それはまさに人にたとえたら、ずっと成長しろよと言われて、30歳、40歳になっても、体力を伸ばして、身長も伸ばせって言われても、できるわけがなくて。

成長の種類というものが、いわゆる先ほど言いました定量の成長と定性の成長がある。定性の成長は、見た目は老いていくのですが、人間の中身としては成長がすごいわけじゃないですか。私は、これからはそういうまさに見えない定性の成長の時代になるのではと考えます。

澤上　熟成も含めて、フィジカルだけじゃなく。

渡部　森林にたとえれば、今までは20年で急激に太った木に高い値段がついて、500年じっくり育った木の値段が安いみたいなことが起きているわけです。

澤上　おかしいよね。絶対。

渡部　おかしいですよね。だから、そういう反動がこれから起こるのではと考えています。

そういうものを含めて、とにかくガラガラポンの入れ替えがこれから起こるというようなイメージを持っているのですが、澤上さんはどうお考えですか？

澤上　まったく同感。それをもっと極端に言っちゃうと、別に成長せんだっていいのよ。

理論的に言うと、例えばそこそこ利益が出せて、そういった経営がずっと続いている企業が、仮に経常で10％ぐらいの利益を出しているとしようか。そうすると、税金4％払っても6％分は残る。残ったお金のうち、3％を配当で払う。3％は内部留保。この内部留保の3％は株主のものだよね？

渡部　はい。

澤上　ということは、1・03にまた3％。それがずっと続くわけよ。そうすると、内部留保の分だけは間違いなく投資価値が高まっているわけね。つまり、株式価値が毎年高まっているわけよ。

さっぱり利益が伸びなくても、株式価値が高まっているわけ。成長せんでも投資価値が高まっているから、必ずどっかで株価に反映される。つまり、長期で構えれば、それなりの投資になるよと。

渡部　なるほど。

澤上　しかも3％でしょ。そこへ、マーケットの大きな下げで安く買っておき、上がってきたところを売って3％のリターンを出せば、何もせんでも6％ぐらいにはなっちゃうじゃない。こう考えると、株式投資なんて楽なものなんだがね。

今後、金利が上がっても生き残るのは、経験豊富な長寿企業だ。

渡部　確かに。例えば、私は長寿企業というものを大変に評価しています。なぜかと言えば、その企業が延々と続くと考えれば、よく言う「ディスカウント・キャッシュ・フロー」、つまり、将来を割り戻すみたいな考え方もあるじゃないですか。

そう考えれば、将来が長ければ長いほど、成長しなくても、長ささえあれば企業価値は上がると思っているんですよ。

澤上　そのとおり。

渡部　しかし、現在は逆で、古い企業だとか言って、安くなっちゃって。

澤上　それは投資もどきのアホをみんなやっているから。まともな投資じゃないから。

渡部　そういうことですね。アホみたいなことをやっているからでいいんですよね？

澤上　うん。プロじゃないよ、みんな。アホと言うしかないような低レベルの理解力しかないわけ。

考えたらわかるじゃない。これから金利が上がれば、長い経験のある企業のほうが生き残る。低金利に乗っかっただけのわけのわからない企業は倒産する。

長寿企業の将来価値を割り戻してとか、難しいことを考える必要はない。

そこそこ利益が出て、長く続けていれば、少なくとも内部留保の分だけは投資価値が高まっているはず。だから、その企業の株をずっと持っていればいい。なおかつ、「応援」という言葉が大切。

もっとはっきりと言えば、好きな会社でいいわけ。自分の好きな会社が、正直でまともな経営をしていれば、安心してお付き合いできる。そういった企業の株式を安い時に買って高い時に売っていけば、もうそれで十分よ。長期で持ち続けるとともに、この安く買っておいて高くなったら売る売買を挟み込めば、もう６％とか７％とか、８％になるのは、当たり前なの。それが大事なの。

俺はそういう考えだから、株を買う企業にすごい成長率は必要としないよ。だからＡｍ

azonなんか関係ない。それは「どうぞ、みなさんでやってください」だ。ましてや、ソフトバンクを買うことは絶対にない。ああいった事業モデル、俺には興味ない。あんなの、金利が上がったら大変だって。

渡部　なるほど。

澤上　バフェットさんは完全に投資のプロだから、チャンスとあらば何でも投資をするわけ。投資という意味ではスゴイよね。一方、我々は長期投資にこだわり、人々の生活によかれと思う企業を応援するのみなんよ。

しかも極端に言うと、繰り返しになるが、成長せんだっていいわけよ。そこそこ利益が出ているぐらいのレベルで経営を続けてくれればね。だから、最終的には業績数字がどうのこうのではなく、定性分析での投資となってくる。もう「好きか嫌いか」だよ。

渡部　澤上さんのお話をお聞きすると、日本企業の中でも製造業の名前がよく出てきていると思うんですよね。トヨタもそうですし、日本電産もそう。やはり、製造業がお好きなんですか？

澤上　もともとね、自分は。だけど、サービス産業も嫌いじゃないよ。例えば商社だとか。最近はだらしなくなっているんだけどね。

商社なんて、昔は10年、20年の事業投資なんて当たり前だった。「数年ぐらい利益が出んでもいいよ。いつか大きな利益が出るだろうからやっておこう」でやってたんだよね。ところが最近は3年で結論を出せと言いだしちゃってるから、これは困るよね。商社の一番いいところを、自分たちで捨ててるんだから。

個人投資家は、好きな分野だけ勉強すればいい。いろいろな分野の説明はマスコミのやること。

渡部　確かに。ところで澤上さんはどうして製造業がお好きなんですか?

澤上　それは簡単で、俺はいつでも実体経済をベースにしているわけ。人々は生きていかなければならない。食っていかなければならない。だから、当然モノをつくったり、フィジカルな活動をしている企業が中心になる。

サービス産業も、広い意味でのサービスで、海運会社とか、昔から好きで買っていたよ。運送会社とか物流がなくなっては生活が成り立たないのでね。ただ、最近のＡＩとか、ＩＴ。あのへんはあまり買っていない。なぜかと言うと、詳しくはわからないから。ある程度はわかるけれど。

　でも、もともとそんなにたくさんのこと、わかる気はないんよ。一生その会社とお付き合いしていこうと考えると、自分の好きな分野であれば、ある程度腹がくくれる。だけど、よくは知らない業務をやっている会社を勉強しつつ投資しようと思っても、それはお客さんに対して責任が持てないじゃない。

　別の例で話せば、自分自身、できるだけ病院の世話になりたくないと考えているわけ。薬も飲まないようにしているわけ。だから昔から薬の勉強はしていないから、医薬品株は一度も買ったことはない。

渡部　そうなんですか。

澤上　そうなんよ。医薬品株や医療株は株価が上がりやすいからと、みんなは買うわけ。だけれども、俺は一度も買ったことはない。それでも、この51年間ちゃんと成績が出ている。だから、別に無理して買う必要はないわけ。

　要するに、機関投資家がマーケティングをするためには、「これもあれもやっています。これはいいでしょ。すごいでしょ」ときれいに見栄えをよくしないと駄目だけれども、俺たちは結果を出せばいいわけで、好きでもないし、勉強する気もない企業の株は買う必要がない。
もうひとつ、医療関係の株を買わない理由がある。それは、業者行政の典型だからだ。薬なんかもそうで、昔は厚生省官僚の天下り先となっていた。それで、いつも業者サイドに良かれの薬品行政が行われていた。そのうえで、どうにも医療保健の財政がきつくなれば、薬価改正でようやく薬価を下げる。最近は頻繁《ひんぱん》に薬価改正があるので、だんだん薬品各社の経営は厳しくはなってはきているけれども、こういった業者行政のある分野は好きじゃない。
俺の好きなのは、自助自立で頑張っているアウトサイダーみたいな企業。

渡部　だから、読者の方も、自分が得意な分野だけ、そこだけで十分だから、深く勉強して、好きになったほうがいいということですね。

澤上　そう。好きでなきゃ暴落相場を買えない。それを俺があえて極端に言っているが、渡部さんは、もう少し理知的に、『会社四季報』とかを読もうと言っているわけ。
繰り返すけれども、方法論はそれぞれ違ってかまわないわけ。

渡部　おっしゃるとおりですね。ところで先ほどの少子高齢化の話の続きをすれば、一般論では先行き暗い話として語られるじゃないですか?

だけども、私は少子高齢化を良くないと思ったことはあまりなくて、むしろ、人が少ないほうがいいんじゃないかと考えています。こんなゴミゴミして渋滞で動けないとか、そんなことが始終起こるよりも、人が少ないほうが暮らしやすいのではと思っています。日本が今後、人口減になるのは間違いがない。しかも、先進国であり、1億2000万人とか、そういう規模の国がかなりの人口減を経験する。しかしながら、その問題を克服するために、モノづくりにおいて、効率化を進めようとか、人の代わりに別のものを使おうとか、工夫をしている。今回の「複眼経済塾」のレポートでは、無人化をテーマにしています。

日本は、少子高齢化が進んでいるからこそ、そういった新しい技術をつくる、最先端をいっていると考えています。その10倍規模で、中国に同じ問題が迫っています。これは間違いない。このモデルができてしまえば、日本で考えた少子高齢化に対するモデルを輸出することができる。

もっと言うと、世界人口は、80億人とか90億人で、恐らくはピークアウトする。そうすると、また別の国でこのモデルが役に立つ。そうなると、少子高齢化に対抗する日本の技術とか考え方、サービスが、世界中の人々にとって、なくてはならないものになる。そういうストーリーを描いているんです。

澤上　それでいいじゃない。そういった自分が好きなもの、考えたストーリーを、投資家は自分が思ったまま、好きに追求できるわけ。ところがマスコミとか機関投資家は、説明せにゃいかんわけ。「人口が減っていって、どうして大丈夫なのか」を説明しなくてはならない。

そんなのはどうでもいいことで、いい会社、強い会社を選んでおけば、別にどうってことないのに。

マスコミとか機関投資家とか、学者とか、説明を仕事にしている人たちに歩調を合わせちゃ駄目なんだ。彼らは〝今〟を語るんよ。我々は、10年、20年先を読み込んで、「少子高齢化になっても、この会社はいけるわい！」と言って買う。我々は、ここなのよ。ここが肝なのよ、一般の投資と長期投資の違いなの。

渡部　確かに、そうです。

澤上　前にも言ったように、「長期投資は将来の納得に対して、今の不納得で行動する」わけよ。

だから、今ここで株を買う議論したくないわけ。どうしてかというと、たとえ自分が好きな株があったとしても、今ここで議論したら、話題が、なぜＧＡＦＡを買わないのかとか、Ａｍａｚｏｎはどうなのって、そっちに行きたくなるじゃない。

だけど、そんな株はもう上がっているし、今買ってもしゃあねえよと。俺は、もっと見捨てられたものを探すよって。みんなはソフトバンクがどうのこうのと語りたがるけれども、俺らは、お客さんのために、本当は実力があるのに安く放置されている株を探しているわけ。

みんな、今の評価でもって好きに議論やっててよ。俺らはこっちを買っとくわいと。それが投資なんだよ。

ところがマスコミや学者は、今こうだから、ああだからと、喧々諤々《けんけんがくがく》をやらなあかん。要するに、今の納得を追求しているわけだよ。

投資はそんなもんじゃない。説明して納得を求めるものではなく、結果を出せばいいんだから。

渡部　だって、「さわかみ投信」は、商品は「さわかみファンド」一本だけですものね。

澤上　それは当たり前だもん。要するに、売ろうとするから、「これもありますよ、あれもやりますよ」とやらなきゃいかんわけ。

俺たちは、売ろうとしていないから。営業していないんだから。結果で勝負しているんだから一本でいいのよ。せいぜい「成績を見てて」と言うぐらい。それは渡部さんも同じで、自分の持っている方法論でやれば結果が出る。その結果を見れば、ほかの人と圧倒的に差がつくじゃん。

放っておいても、お客さんは来る。「さわかみ投信」は、そういうやり方だよ。

現在の年金制度は遠からず破綻する。個人は自分で将来に備えるべきだ。

渡部 ずっと澤上さんのお話を聞いていて、やはり、まず年金があり、次に運用者側のマーケティングがあり、というのが諸悪の根源ですね。
澤上 その諸悪の根源も、もう間もなく世界的な規模で、大暴落があるから、まとめて駄目になる。これはかなり重い問題になるよ。年金もボロボロになるからね。
渡部 そうすると、これまでは個人も「年金は国に任せておけばいい」と考えていたけれども、もう任せられないとなると、意識も変わるという動きが起こるかもしれませんね。

澤上　変わる前に、「年金はどうなるの？」で大騒ぎとなるだろうね。

渡部　年金制度、そのものが崩壊するということも起こり得ますかね？

澤上　崩壊に近い状態に陥って、年金運用に関し、ものすごい大反省期を迎える。その後、年金運用が本来の姿――長期投資に――戻るかどうかは現在のところわからない。

さらに、よく考えて欲しいのは、今の年金制度は人口が増えていく段階ではよく機能していたよ。しかし、人口が減りだしたら機能しないわけ。

現役層が負担する金額はどんどん大きく重くなる。その現役層の負担に、先進国は苦しんでいる。しかも、人口は加速度がついて減っていて、状況はどんどん悪くなっていく。といって、年金制度の構造問題はどうしようもできない。運用もガタガタになってしまったしね。

それを新興国は見ているから、新興国はこれからどういう年金をつくったらうまくいくか、大変に参考になるわけ。

渡部　確かに。

澤上　だから、「さわかみ投信」ではずっと前から言い続けているのよ。ウチみたいなところは、将来の新興国の年金モデルになるぞと。国が行っている複雑で重い制度をつくらなくても、民間ビジネスとしてやれて、資産は信託財産として預かってくれるから安心。

ウチなんかは長期でしっかりやっている。そこそこ成績が出ている。しかも、1万円から誰でも買うことができる。そういった「さわかみ投信」みたいなモデルを国の年金に採用すれば、国はなんの制度もつくる必要もないわけ。国がやってくれればいいのは、税優遇だけ。民間の良心的な投信を利用するということになれば、どんな国でも気軽に年金の仕組みをつくっていける。

まして、新興国であれば、経済が伸びるから、そういった投信は、企業を700社、800社と、分散して買っておけば、そのうちの500社ぐらい潰れても、200社、300社が残れば十分な成績が出る。新興国は経済が伸びるんだから、それに乗ればいいわけ。

そういった年金代わりの民間投信は、経済の拡大発展に乗るような長期運用に徹する。国は大きくて重い年金制度などつくる必要がない。「さわかみ投信」をモデルにすればいいわけよ。

それを、いろいろな国にずっと言ってきているわけ。ベトナムなんか、ずっと話をしてきたけれども、なかなか実際に動いてくれないわけね。埒が明かないから現在、「さわかみ投信」は、タイに子会社をつくり、そこでモデルをつくろうとしている。

渡部　なるほど。最初から公的年金という発想ではなくて、すべて私的年金で、民間が担うというのは優れたアイデアですね。

澤上　国は税優遇さえしてあげればいいだけだから。大事なのは、国民がそれぞれ自分の年金をつくっていければいいだけなんだから。

新興国は経済が伸びているんだから、それに年金システムを乗せない理由はないわけよ。先進国もそうすれば良かったのに、世代間扶養という巨大で重い制度をつくってしまった。それで、えらい苦労をしている。こんな大変な仕組みは必要がなかったんだよ。

渡部　なるほど。

澤上　逆に言うと、現在の年金制度で苦しんでいる先進国は、金融緩和バブルの崩壊で、その年金システムごとドーンと破綻が来るわけ。かなり大変なことが起こるよ。

渡部　確かに、そうです。年金は、これからどうなるんですかね？　もしかしたら、ある段階で、「もう全部いったん、それぞれの割合で国民に返します、これからは自分でやってください」みたいなことも起きかねないですよね？

澤上　でも、そうなると、暴動が起こるよね。

渡部　暴動が起きますよね。しかしながら、現実問題として、もうそれぐらいしかやりようがないんじゃないですか？

澤上　そもそも、日本の国がやっていることは、何一つ、俺は評価していない。唯一、ｉＤｅＣｏやＤＣ（確定拠出年金）の制度は素晴らしいスピードで充実させてくれている。あれは、国は年金が１００年安心と言いながら、駄目になるのを知っているから、できれば静かに、ｉＤｅＣｏやＤＣに移って来てくださいという考えでやっていると思うよ。

　国の年金制度もそうだが、年金の運用もひどい状態になっているのも問題だよ。例えばバブル高している株価をやたら追いかけているのだから、もう運用じゃないわけよ。

　この章の最初に話したけれども、40年に一回の大暴落が来て、ＧＰＩＦが２００兆円、共済を入れれば２７０兆円ぐらいかな、それが大きく沈んだりしたら大変な事態になる。大きくヘコんだら、もう悲惨。彼らの運用している金融緩和バブルにどっぷり浸《つ》かったポートフォリオなど、見たくもないよ。

渡部　そうすると、流れ的には間違いなく、年金は個人が考えて個人で投資するという決断をせざるを得ないところまで来ていると。

澤上　やる人はね。そこで、やっかいなことになりそうなのが、国や金融庁が進めている「貯蓄から投資へ」の大キャンペーンだ。タイミングが悪すぎる。

もう、いつ弾けてもおかしくない金融緩和バブルの最終局面で、投資の世界に多くの個人を誘おうとしているわけよ。どこかで、大きな痛手を蒙《こうむ》ることを、俺は危惧している。下手したら、はじめて投資に踏み切った人たちは、もう投資はこりごりになるかもしれんし。こんな金融緩和バブルが弾けそうな時に、ＮＩＳＡでインデックスを買えと言うんだから。悪すぎる、タイミングが。金融庁のお役人は、投資運用を何も理解していないからね。

そうは言うものの、「貯蓄から投資へ」は国を挙げて絶対に進めたいテーマ。ただ、やってもらいたいのは本物の長期投資による資産形成のはず。

そこで、例えば渡部さんのところのように、しっかりとした方法論を持っているところが重要になるわけ。個別株投資のね。債券は当分駄目だから。ものすごい出番が来るよ。これから大きな変わり目がやってくるの。ものすごい大きな変わり目。投資の世界が40年ぶりに変わる。

第四章
地方には腹の据わった経営者がたくさんいる。株価が安い今がチャンス

国のやっていることは本質を考えていない。日本の将来を考え企業を応援し、自分のことは自分でやる。

渡部　時代としては、私なんかはこれから面白くなると思うのですが。

澤上　そうよ。だから俺は、これからの10年が、最後の大勝負だと思っている。今からニヤニヤしているわけ。完全なる勝ちゲームができるから。

渡部　それはこれから株を買う人も大勝負ができる。つまり、全員にチャンスがめぐってくるということですね。

澤上　もちろん。だけどその際、注意しなくてはならないのは、この本をしっかりと読んで、個別株投資を丁寧にやれよということ。

渡部　久々に、「よーい、どん!」で、全員が同じスタートラインに立てるという、そういう時が来る予感がします。

澤上　「よーい、どん!」というよりも、ガラガラポンで、本当にみんなが悲惨な状態になる。その意気消沈の中で、生命力のある、自助自立の精神で動ける人たちが浮かび上がってくるわけ。多くの人たちは大変なことになる。

渡部　でも、面白いな。そうなったほうが、活気も産業も生まれるし。

澤上　そう。一回整理されて、その後はすごく強くなるの。「少子高齢化だ、人口が減る、大変だ！」と嘆いている弱い人たちはガタガタになって、みんないなくなる。そうすると、本当に強いのが出てくる。日本は見違えるようになる。

渡部　面白いかも。

澤上　面白いよ。

渡部　ところで転換点というと、22年の年末に防衛政策も転換しましたし、原発政策も転換しました。一気にいろいろなところで大転換が起きています。これらに関しては、どう見ていらっしゃるんですか？

澤上　追い込まれただけだよ（笑）。普通に考えたら、日本の周りには、中国や北朝鮮みたいにおかしな国がいっぱいある。ちゃんと防衛をしない理由は何もないわけよ。そういうものを避けに避けてきただけじゃないの。これまではなんとかなってきたのかもしれんけど、いよいよ駄目になってきたから、やむを得ない状態となったわけ。

いかにもやってますというふうに〝政策転換〟とか言ってるのよ。そもそも防衛も、原発も、しっかりした国家戦略といったものがないじゃない。原発事業なんか、はっきりしているのは、福島で事故が起こってから、11年も経ったけれども、実際は何もやっていない。それが現実なんだから。

11年間やってきたのは、ひたすら原発の安全性と再稼働についてだけ。日本のエネルギー政策をどうしていくかについては何も考えていないわけ。ウクライナ問題が発生して、エネルギー危機だから原発に戻そうなんて、気楽すぎるよね。

この10年間で、中国はもちろん、ドイツも、アメリカも、風力発電をものすごくたくさん設置してるんよ。ものすごい量。それで、風力発電の普及がむちゃくちゃ進んでいるわけ。日本も少しは進んでいるけれども、その比じゃないわけ。

国としてエネルギー戦略のなさの典型が、日立や三菱。これからものすごく商売になるというのに、みんな風力発電をやめちゃったじゃない。風力発電は部品の数からいえば、自動車産業よりも大きいから、モノづくり大国の日本にとっては貴重な産業となるというのに。それをみんなやめてしまったんだから、もったいない話だと思うよ。

渡部 現在は、洋上風力というと、全部海外から部品を買ってきますもんね。

澤上 おかしいよね。日本は海に囲まれているんだから、洋上風力をやらない理由は何もないのに。

かつて、70年代の公害問題では、その対策で日本が一気に世界をリードしてしまった。再生エネルギーでも日本は大チャンスだと20年前からいわれている。それなのに、日立もみんなやめていっているなんて。

どうなっているんだよ。国の政策が悪いというよりも、無さすぎる。地熱発電だって、やればいいのにね。世界第3位の地熱大国なのに。地熱発電は温泉が駄目になるとこれまでは言われてきたけれども、技術がどんどん進んでいる。アンモニアとかを使うと沸点が低いから、バイナリー発電で、温泉熱の排熱でも、十分なわけ。

国立公園などから離れて遠くまで引っ張ってくればいいんだから。小さいのであれば、いくらでもできるでしょ。

なのに、原発ばかりを進めている。原発は20年も30年もかけて土地を収用する過程で、税金をたっぷり投入し、地元住民を食えないようにしてしまう。原発がなければ食っていけないようにしているわけ。これも、既得権のある原発族とか政治家、あっちの力が強い。利益誘導ばかりをしていて、エネルギー問題については、真剣に考えていないわけ。

だから、今回も追い込まれてやっている。真の戦略的な思考なしになっているから、パッチワークにすぎないわけ。原発を再稼働させても、核のゴミの問題とか、廃棄処理問題とか、さまざまな問題は少しも解決していない。

もちろん、原発をすぐさま全部やめろと俺は言っているわけではない。当分、ある程度は必要かもしれんけど、日本に原発に代わる次のエネルギー源を確立していこうという政策はまったくないじゃない。

国の政策の多くは、俺の完全に個人的な意見ではあるが、まったくなっていない。最終的にはまとめてガラガラポンよ。

渡部　だから、電力株は買っていらっしゃらないのですね。

澤上　初めから買ってない。1970年代までは、電力業界の頑張りはすごかったよね。ところが、政官民の癒着《ゆちゃく》が多くなった。

俺たちは企業を長い時間軸で見ているから、これではとてもじゃないけど応援できんわと。それで、一度たりとも日本の電力会社の株を買っていない。51年間投資しているけど、薬は買わない、電力は買わないできたよ。

俺は長期投資を学びだして、すぐ投資のテーマを決めてしまった。それは、エネルギー、食料、環境。あとこれに付随して、水と工業原材料。この5つだけが自分のテーマ。だからモノづくりがいいとなっちゃう。実際、これらばかりを追いかけている。それで十分に長期投資をやってこれた。

これら5つの分野は、地球規模でずっとなくならない需要じゃない。したがって、この5つだけ追いかければいいと考えて、俺は、そればっかりなんよ。

国にああだこうだと文句を言っても、何も解決しない。だから、自分のことは自分でやる。自分の財産づくりは6％とか、7％いけばいいんだから。

渡部　確かに現在、大きな転換点に来ていて、これは全員が突きつけられている問題ですものね。

澤上　突きつけられていても、方法論がわかなければ、ドスーンだよ。渡部さんの方法論、俺の方法論、それでいいんだよ。今回の対談では、大きな方向性を出すから、方法は読者が考えたり、選んだりしてくれればいいんだよ。

渡部　今回こそ、もう逃げられない。

澤上　逃げられない。国はいろいろその場しのぎをやってきたけれども、もう限界だね。金利も上がってきているから、国債も発行しようがなくなるわけよ。

渡部　戦後の焼け跡みたいになれば、企業も投資家も儲かるチャンスですよね。

澤上　その時に、意気軒高《いきけんこう》でいられる個人がどれだけいるかだよ。みんな、結構グシャアとなっていると思うよ。
　最近は皆ぬるま湯に浸かり、国に頼り切っているから、どうにもならん。本当に食えなくなってきて、そうなって初めて、シャキッとするわけ。といっても、大暴落のあと、しばらくは駄目かもね。

国はゼロ金利にしたが、民間の預貯金に普通に金利がついていれば、日本経済は大きく成長したはずだ。

渡部　ところで澤上さんは、金融業だとか、不動産業に関してはどんな考えをお持ちなんですか？

澤上　金融にしても、不動産にしても、たとえガラガラポンが来たとしても、ビジネスそのものはなくなりっこないんだよ。ただ、「この40年間の、金融緩和バブルに乗っている部分は吹っ飛ぶよ」ということ。
　例えば、日本のバブル崩壊の時に、銀行は大きな不良債権を抱えたわけ。その解決のために、本当は、銀行を分ければよかった。

不良債権を抱えてしまったのは、経営の責任だ。だから部長クラス以上は、これまでの銀行に籍を置き、責任もって不良債権の処理にあたる。一方、課長以下でもって新銀行をつくる。決済業務とか、預金業務とか、資金送金とか、通常の銀行業務はすべて新しい銀行でやれば、銀行が動けるじゃない。ひどくなった不良債権は、前の銀行に残しておいて、ゆっくりと経営責任、株主責任で処理をさせていけばよかった。

新しい銀行には国の税金を入れてもいい。銀行業務そのものは国民の生活にとって大切だから、動くようにしてやらないといけない。当時、実際、責任者も含めて、銀行の問題部分は切ればいいという議論は一部にあった。俺たちもそう主張していた。ところが最終的に、そういった少数意見は完全に無視されて、国の方向は銀行を救わなければならないとなってしまったわけよ。

渡部　おっしゃるとおりです。

澤上　不良債権とか、要するに、日本で起こった資産デフレは、1170兆円から1600兆円あった。日本経済の、2・2倍から3倍の不良債権だよ。銀行などの金融機関を中心に、バブルに関連した企業は、この返済負担を負っていたわけ。

国はこれを潰さないようにしたわけよ。一番おかしいのは、とにかく金利を下げようとしたこと。それでもって銀行の業務純益を積み上げさせて、不良債権の処理を急がせようとしたわけよ。金利を下げれば、銀行は業務純益を稼げるじゃん。だから、1995年から一気に超低金利にしちゃったわけ。そこから家計は、実収入を強引なまでに奪われているわけね。

家計から利子収入のほとんどを奪った結果、消費が減退し、デフレという経済の縮小を招いてしまった。本当は、バブルに踊り狂った銀行も潰せばよかったんだよ。だって経営がしでかした失敗なんだから、民間企業として自分で責任をもつのは当たり前なんだから。ところが、経営責任の追及は住専（住宅金融専門会社）で止めたのね。ほかにもバブル崩壊で潰れかかっていたところ、例えば農林系や漁業系の金融機関がゴロゴロしていた。政治家が絡んでいたから、農協系などが破綻するのを止めたんだ。あれが日本のそもそもの失敗なのね。ものすごいお金を入れて何とか潰さないようにした。そして、ゾンビを大量生産しちゃったわけ。

だけど、それは後ろ向きの政策もいいところ。1992年9月の総合経済対策を皮切りに、国は巨額予算を投入し続けてきた。それらを、もっと前向きにつかっていたらどうなっ

ゼロ金利で、家計の利子所得は大きく奪われた

［預貯金額］

1990年末	410兆円
2021年末	984兆円
31年間平均	697兆円

預貯金額697兆円（平均）が
年0.1%の利子で6970億円の利子収入でしかなかった

ところが、通常の利子水準

●3%だったら　20兆円
●4%だったら　27兆円

もの利子収入が得られたはず

それらが経済の現場にまわっていたなら
20%の源泉税徴収後にでも、日本経済は

●16兆円　3.1%
●22兆円　4.3%

もの経済成長ができた計算になる

日銀統計から澤上篤人作成

たか？　また、個人の預貯マネーもこの31年間を平均すると700兆円ぐらいあるわけよ。それが、ゼロ金利政策で本来もらえるべき利子所得をほとんど奪ってきた。

これに、普通に3％、4％の金利がつけば、毎年30兆円ぐらいの利子収入なわけよ。その7割、いや半分でも、経済の現場に回っていたら、それだけで日本は3％以上成長していたはず。この成長を全部捨ててきたわけ。

結果、生産性は低いわ、経済は元気がないわ、だ。こうなるのは当たり前の話で、政治がすべて悪い。

渡部　先ほど、金利が上がるという話題がありました。私も金利が上がると思うんです。ただ、これは名目金利の話をしていて、実質金利の話が抜けていると私は考えています。

インフレは、間違いなく足元で起きていても、金利がちょっと上がり、実質金利的にあまり変わらなかったとしたら、経済としてはいいんじゃないかと。

債券市場は、澤上さんがおっしゃるとおり、駄目なんだけど、経済と日本株にとってはいいんじゃないかと思っているんですが。

澤上　半分同感。要するに、実質金利は説明のためにやっているだけで、世の中は実質金利は関係ない。経済は金利を含め名目の数字、つまり時価でもって動いているんだから。

渡部　モノの値段が上がっていても、給料が増えていれば、インフレをあまり感じないというのはある気がします。

澤上　それは、給料が金利の上昇に名目でついていっているから。名目金利が上がるのに、給料が上がらないのはあり得ないから。時間差はあるけれども、必ず上がる。そうしないと、食えなくなり、生きていけなくなるんだから。人は給料が上がらない会社から上がる会社に移動するしね。普通の経済に、実質もクソもないのよ。これは暇な学者や経済人が好き勝手に計算して言っているだけよ。インフレになれば、必ず給料は上がる。現在、末端のほうで、賃上げ圧力が高まっているじゃない。だから俺は、インフレが続くと言っているわけ。

渡部　そのインフレも、給与の上昇がともなうインフレであれば、モノの値段が上がっても、肌感覚としては、かなり違うと思うのですが。

澤上　時間差はあるけれどね。

渡部　確かに、『会社四季報　2023年1集・新春号』を見ても、現在は、リユースなどを扱う会社の株が、無茶苦茶上がっているんですよ。これはインフレ防衛で消費が値段の安いほうに行っちゃっているわけですよね。

でも、先ほど澤上さんがおっしゃったように、時間差で給与などが上がり、現在、1100兆円の預金に、ほとんど利子が付きませんが、1％でも付けば、11兆円になるじゃないですか。これらのお金が世の中に出回り、ぐるぐる回り始めれば、経済全体にとってはプラスだと考えているのですが。

澤上　それには、まったく異存はない。だけど、注意しなければならないのは、このインフレで金利が上昇しだせば、ゾンビ企業などの多くが窮地に追い込まれる。それで、金融マーケットはガタ崩れとなる。みんなが一度は意気消沈してしまうけれども、その中で本当に力のある企業が浮上してくる。

本物の長期投資に徹している我々の投資収益も上がるけど、生活コストも上がる。一方、もうインフレが起きているから、文句だけ言っているような人たちも、慌てて動き始める。

渡部　徐々に、世の中に光が見えるようになりますよね？

澤上　一部の株は先に上がる。その後、人々のマインドも生活も遅ればせながら上がり始める。ここでようやく、シャキッとした日本が見えてくるわけ。その過程で、現在のぬるま湯のひどい状態は、弾け飛ぶ。実質金利とかぐちゃぐちゃ言っているのは、学者にやらせておけばいいんだよ。経済って生き物だから、頭でっかちでは駄目。

渡部　では実質金利＝肌感覚で合っていますか？

澤上　合っている。インフレで生活はきつい。だから、なんとかしないといけないと考えるだろう。こっちのほうが大事。感情が大切。経済は生き物だから。だから実質金利は、肌感覚ぐらいでちょうどいい。

渡部　逆に言えば、現実が悪くても、来年は給料が上がるらしいぞというマインドがかかれば、気持ちは全然違いますからね。

澤上　みんなの給料や生活が上がりだして、一人だけ置いてけぼりを食らったら慌てるわけね。「俺は大丈夫だろうか？」と不安になり、慌てて行動する。

経済は生き物なんだから。そういうダイナミズムを、学者とか役人は考えられないわけ。政治家もできない。だから、我々がやらないとしょうがない。民間でやっていこう。それが経済のダイナミズムなんだから。

渡部　ただ、私なんかは食事会もよくあるんですが、街はすごく賑わっていますよね。マインドは上がっているけれども、株価は上がらない。そのことに関しては、どうお考えですか？

澤上　賑わっているのは現実で、経済は実態なんだから。株価には、あとで現れる。現在は踊り場。株価は賑わいぶりを反映して一度は上がり、そのあと、がっと落ちる。ズレがある。そのズレは3年とか4年は続かない。
そこが、我々が差をつけるチャンス。このことを、一人でも多くの読者に理解してもらって、楽しく生きてもらいたいね。

企業の本質は、「何でもって、世の中に評価されているか」だ。

渡部　大暴落後に上がる株を見つけるためには、経営者をよく見るべきなのでしょうか？

澤上　最近の流行りの経営者を見ようは駄目よ。少なくとも、長期投資においてはね。いいか？　経営者を見ると言っても、経営者は二期、4年だろ。あるいは三期6年。一方、俺らは、10年タームで企業経営を考えるわけよ。ところが、たいていの企業は4年で社長が代わるじゃない。10年タームと言うと、2回以上、2人以上代わるわけよ。したがって、いくら経営者を見たところで、その会社の10年先のイメージは湧いてこないよ。さっき言ったように、成長しなくても安心して応援投資できるとか、こっちのほうが本質なのよ。

渡部　企業の本質には、何をつくっているかが大切だという人もいますが……。

澤上　何をつくっているというよりも、何でもって、世の中に評価されているか、だ。ビジネスというのは、お客様あって、だから。

一時的に商品が売れても、長い目でお客さんがついてこなかったら駄目よ。長寿企業は、50年、100年続いている。そうすると、それなりに世の中に評価されてきて、お客さんたちに、なくなると困ると思ってもらっているわけ。

地味だけど、世の中のためになる、お客さんに評価される経営をきちんとしている会社が良い。うちはこんな会社なんだ、派手なことは少しもできないけれども、堅実にやっていくと言い切っている会社でいいんだ。プロ経営者とか派手派手の人が、経営者になった途端に大風呂敷を広げるような会社は駄目。口先で言っているだけで、何もやってないケースが多い。大したことはやってないのにね。

渡部　澤上さんが本によく書かれている「付加価値の最大化」についても、改めてお聞きしたいのですが。

澤上　付加価値の最大化は、企業の社会的な存在理由だよね。これぞ本質よ。社会にどれだけ富を生むか？　利益だけじゃないんよ。人件費もみんな、富を生んでいるわけなんだよ。

ざっくり言って、付加価値には、先ほど言った人件費、減価償却費、研究開発費、賃借料、支払い利子、租税公課などがある。これらの費用項目が膨れ上がる時には、利益計上額は圧縮されるけれども、長期投資家には最高の買い仕込み局面になる。みんな、今後伸びるための支出だからね。

それだけじゃない。企業を見るには、利益がすべてではなく、その会社が社会にとってどれだけ大事か、ということ。その見分け方の一つとして、付加価値はある。付加価値をどれだけ増やしているかが、その会社の本当の価値。最近評判のプロ経営者は、利益さえ出して株価を上げればいいと考えている。

みんな、大株主である機関投資家に3年以内に利益が出せる見通しを立てよ、と追い込まれている。それで3年ぐらいで利益を最大にさせようと血眼《ちまなこ》になる。だけど、自分が辞めたあとは〝野となれ山となれ〟という具合で、えげつない経営をしている。そんな会社は応援したくないね。

昔だったら、3年なんかでまともな経営はできないと言い切っている経営者はいっぱいいたよ。今は、それだけの骨のある経営者は、あまりいないね。

地方には、昔の日本にいたような腹の据わった経営者がたくさんいる。

渡部　最初は見向きもされなかったけれども、自分の信念を貫き通して、結果、すごくなったという実例を知りたいですね。

澤上　そんな実例は、今は少なくなっているけれども、これまでならいくらでもある。例えば、川崎製鉄の千葉工場をつくった西山彌太郎社長とか。西山社長は、戦後のひどい焼け野原の日本で、戦後日本で初めてとなる高炉を建設しようと計画した。巨額の費用が必要で、当時の日銀、一万《いちま》田《だ》尚登《ひさと》総裁が、「建設を強行するなら、千葉工場の敷地にペンペン草を生やしてみせる」と猛反対したという逸話が残っているぐらい大きな計画だった。だけど、西山社長は手持ちの資金を投入して千葉工場の建設に着手し、日本開発銀行、メインバンクの第一銀行や市中銀行からの26億円を糸口にして、世界銀行で大演説を打ったわけ。その結果、3回にわたる総額３４００万ドル規模の融資を受けることに成功した。

西山社長の情熱が日本だけでなく、世界銀行まで動かしたわけ。これが川崎製鉄の大発展のもとなの。これぞ経営者であって、ゾクゾクするよ、こういう話。

渡部　私も、2016年4月12日に、新日鐵の君津製鉄所に行ったあとに「西山彌太郎・千葉歴史記念館」も見に行きました。

澤上　本田技研工業の本田（宗一郎）さんなんて、事業に資本金の20倍とか70倍を投資するわけよ。

だからホンダなんて、昔、3年ごとに「潰れるぞ」と噂になっていた。バイクでマン島（TTレース）を制覇したりしててもね。俺たちがまだ大学生で、就職を考えた頃、60年代後半なんて、「いつ潰れるかもしれない危ない企業」と言われていた。

でも、あの頃に間違えてホンダに入った人たちは、素晴らしいサラリーマン人生を送れているよね。

四輪を始める時も、あの時は通産省に佐橋滋さん（城山三郎の『官僚たちの夏』の主人公・風越信吾のモデル）とかがいて、四輪メーカーを集約しようとしていた。国が「トヨタ、日産しか日本には必要がない」と言っている時に、「ホンダも四輪やります！」と乗り込んでいった。佐橋さんと料亭で大喧嘩して、実績を重ねるために、まだ四輪が発売できるか見通しもわからないうちに、平気で四輪の開発に踏み切ってしまった。

渡部　そうですね。

澤上　クリアするのが不可能と言われた、アメリカのマスキー法（ガソリン乗用車から排出される窒素酸化物の排出量を現状から90％以上削減するという規制）に世界で最初に合格したのがホンダのCVCC（低公害エンジン）。その時は本田さんはバイク以来の空冷でやろうとしたの。水冷を主張する若い技術者と論争になり、結局、若い人に任せたの。そういうホンダの技術、エンジンに対する情熱は、いまだに続いているわけ。次は宇宙だ、飛行機だと言って、ホンダジェットをつくっちゃった。

渡部　いや、確かにホンダジェットはすごいですね。

澤上　ホンダジェットは世界で唯一なんよ。何がだと思う？

渡部　うーん、何だろう？　今、一番売れていますよね。

澤上　売れているし、唯一なの。実はホンダジェットはホンダが、機体もエンジンも、両方つくっているの。世界のほかの会社は別だから。ボーイングにしても、機体だけだからね。エンジンはGEとか、ロールス・ロイスを使っているじゃん。ホンダは全部つくっている。

渡部　確かに。

澤上　要するに、自分でやらなきゃ気がすまないという。実に面白い会社だよ。でも、ここに来て、ちょっと不安になってきた。エンジンをやめてＥＶに行くと言っている。俺は大好きなホンダが、うーんて感じ。

渡部　私はＥＶの時代は来ないと思っているんですが、そのことに関しては、どうお考えですか？

澤上　来ないことはないとは思うけど、大騒ぎしているほど、大したことはない。30％ぐらいだと思う。

渡部　１００％はないですよね？

澤上　無理よ。だってガソリンって一番コンパクトな燃料で、どこにでも持っていけるじゃない。そんな内燃機関がなくなりっこないわけ。

渡部　私の考えも、まったく同じです。

澤上　それでも先進国は、ある程度増やすことはできるかもしれんけど、世界は広いもん。発展途上国は、まだまだガソリン。だからトヨタは正しいの。やめると言っていないじゃない。

渡部　全種類をやると言ってましたものね。私は18歳で免許を取って、最初に乗ったのがシビックのＣＶＣＣなんですよ。あれはもう、名車中の名車でした。

澤上　その前にＮ３６０があったの。当時の軽自動車は大してスピードを出せなかったけど、Ｎ３６０は１００キロ以上、出せたわけよ。さすがホンダ、と大人気の車種となった。

昔は、日産やトヨタとは違い、新参のホンダはすぐに潰れると噂されていたけれども、実力でのし上がってきたわけ。こんな具合に個別企業を調べていると、面白い経営者はいっぱいいるわけ。そういう眼で見ると、最近の経営者はちょっとつまらない。

渡部　短期思考だから。

澤上　多くの企業経営が、年金など世界の機関投資家の短期利益追求に振りまわされてしまっている。彼らは、物を言わないアクティビストで、株価を上げさせようとやたら圧力をかけてくる。年金資金のマーケティング競争が諸悪の根源となっている。

都会には、現在、昔のように腹の据《す》わった経営者、あるいは、腹を据えて経営している会社は少ない。みんな、機関投資家の眼ばかりを気にしている。だけど、地方にはいる。今は地方なんよ。

例えば株式会社タダノ。以前は株式会社多田野鉄工所と言ったんだけど、自社の生産に必要な部材は全部地元企業から調達する。どうしてかというと、自分の会社も地元のお陰で大きくなれたのだから地元に貢献しないといけない、という考え。

渡部　楽しくなりますね。

澤上　いろいろと調べると、地方には面白い会社がいっぱいある。信州伊那谷は、もともと養蚕農家と製糸工場で成り立っていたんだけれど、昭和恐慌、その後の世界恐慌で地元の製糸業が衰退した。「生まれ育ったふるさとに、製糸産業以外に家族全員を養っていける産業、働き口をつくろう」と地元に雇用を生むためにつくったのが、この会社。だからコンデンサなんかもみんな手づくりで、昔はタグを付けるのも、10個付けて50銭、200個付けて2円。そんなふうに、地元の人たちに手作業でやってもらって、大きくなってきたの。電子機器という最先端の作業を手工業的にやっているわけ。

　だから効率は悪い。でも、地元の人たちのために始めたわけで、いまだに変えないわけ。コンデンサ中心で、荒波ながらも生きているわけ。抵抗器の分野において世界1位の売上を有し、国内でも1位のシェア。この手の会社は派手じゃないけれども、安定度が高いし、依《よ》って立つべきところを持っているわけね。経営で付加価値を保つとはまさに、こういうことよ。

渡部　私は伊那も行きました。伊那には伊那食品工業とか、その近くに養命酒製造の工場とか、地元中心で行こうという良い会社がいっぱいある。そういう地域性があるのかもしれません。

澤上　地域性があり、あえて大きくならずに、地元経済や社会を守っていく、そういう企業も大事なの。

ものすごく大きくならないといけない、グローバル化だ、そんな流れに乗せられて自分たちの本質を失ってしまった会社が、たくさんある。一方で、「世の中は拡大志向だけど、うちはいいよ。俺たちには俺たちのやり方がある」——そういう自分の限界みたいなものを、しっかりと見定めて、なおかつ着実に経営している。地域にとっては、なくてはならない会社があるの。

渡部　なんか、いいなあ。

澤上　福島県いわき市に事業所がある株式会社クレハなんて面白いよ。行ったことある?　いわき市にでっかい工場があるの。その工場の中にいわき市で一番大きな消防署と一番大きな病院がある。まったく儲からないけれども、大きな消防署と病院を持っているわけ。だから、地元の人たちはクレハの工場がなくなると困るわけ。会社も売上は４０００億円から大して伸びていないよ。ほかの同業種はどんどん売上が上がっている。何兆円単位の会社もある。でも、クレハは地元に根を下ろして着実にやっているわけ。

「クレラップ」は、最初はダウ・ケミカル（現在はデュポンと合併）から技術を買おうと考えていたわけ。でも、旭化成がダウ・ケミカルと契約をした。クレハはダウ・ケミカルの技術を購入することができなくなった。「それなら自分たちでつくろう」と研究者たちが開発し、旭化成の「サランラップ」よりも早く、自社の技術力で商品化に成功したわけ。技術をものすごく大切にする会社。

面白いのは炭素繊維。炭素繊維にはアクリロニトリル系（PAN系）とピッチ系があるわけよ。東レとかはアクリロニトリル系、繊維系ね。これはゴルフのシャフトとか飛行機の機体になっていて、もう一気にのし上がったように見える。

でも実際には、40年もかかっているんだよね。その間に世界のほかの会社はやめてしまったから、日本が独占している状態なの。

ピッチ系を、たまたま手をつけちゃったのがクレハなの。開発を始めたけれども、いつまで経ってもモノにならない。経営側は何度も開発をやめようとしたんだけど、「世の中にこれほど何の役にも立たない素材は珍しい。だから研究を続けさせてくれ」と技術陣が言う。技術者がそう考えているんだったら、そうかもしれないと、そのまま研究を続けさせていたわけ。

そしたら、シリコンの単結晶引き上げに用《もち》いる、るつぼという需要が生まれてきた。シリコンは半導体でしょ。金属が入ると駄目なのよ。ピッチ系は原料がアスファルトだから入り込む余地がない。しかも、るつぼで1800度の温度に耐えるから、一気に世界シェアの7割、8割を取っちゃったわけ。

渡部　なるほど。

澤上　ただ、値段が安いから、そう大きな儲けにはなってはいないけどね。要するに、技術を大切にしていれば、どこで何が起こるかわからない。アクリロニトリル系は世界に羽ばたいているけれども、ピッチ系は意外と知られていない。だけど、シリコンのるつぼとして利用されて、その後、半導体や太陽光のパネルだとかにすごく合っていることがわかってきた。これからどんどん伸びそうな素材なの。

あるいはポリグリコール酸（ＰＧＡ）という素材があるでしょ。あれなんかも、デュポンを始めとする世界中の企業が工業化しようとしたわけ。でも、量産化ができなかった。ところがクレハは諦めず、31年かけて量産化に成功した。世界で唯一の快挙で、徐々に生産体制を整えていった。ちょうどその頃、シェールオイル・ガスが実用化になったわけ。シェールオイル・ガスの掘削《くっさく》に必要なフラックプラグは、これまでは金属が使われていた。金属は環境汚染の問題があり、作業が終わったあとに地中から回収する必要があったの。

ところがポリグリコール酸（ＰＧＡ）でつくったフラックプラグは、一定時間がすぎると水と地熱の力で、二酸化炭素と水に分解され、最終的には消えてなくなるために、回収の必要がない。だから掘削時のコストを低減させたり、工期を大幅に圧縮できたりする。そのＰＧＡでクレハは急激にシェアを伸ばし、40年弱かかったけれども、２０２３年には黒字化する。クレハのように、派手さはないけれども、時間をかけて技術開発し、利益を着実にあげている会社は、応援したくなるじゃない。

地方で頑張っている企業は現在、株価が安い。リサーチ能力を磨けば宝の山を買える。

渡部　最近、本社を地方に戻す会社が増えています。それを最初に行ったのが、東日本大震災を契機に、北陸新幹線の開通と同時期、東京から富山県黒部市に本社機能の一部を移した、ＹＫＫグループだと思うんです。

地球温暖化の進展や頻発する大規模自然災害などへの対応を考えたとき、黒部ダムがあり、水力発電の比率が高い地域というのもやはり好都合なんです。もちろん、地元の雇用も促進します。

私も富山県生まれなんですよ。だから雪国で育った人たちの辛抱強さは、よく知っています。そういう社員がいて、なおかつ、喜んで働いてくれるということで、あえて本社昨日の一部を富山に移したのは非常に良いことだなと思っていて。

澤上　こんなふうに個々の企業を追いかけていくと、楽しいよね。いいなあと思った企業は、業績がどうかという問題もあるけれども、とりあえず安ければ買っておけば、いずれ株価は上がる。それでいいわけ。

渡部　だいたい地方で頑張っている企業に限って、すごく安いんですよね。

澤上　安いんだけど、評価されてくれれば10倍、20倍になる。長期投資の醍醐味は、化けた時よ。現在の株式市場では、こうした地方で地道にやっている会社はすごく安くなっている。

渡部　チャンスですよね。

澤上　我々の出番なんよ。リサーチ能力さえあれば、おもしろい会社はいくらでも発掘できる。ホント、個別にはユニークな経営者がたくさんいる。これは面白いと安ければ買っておけばいいんだ。

渡部 この間、釜石に行ったのですが、新日鐵の高炉がなくなった現在、かなり寂れているんですね。やはり、地方は企業がいてくれるかどうかで、大きく変わりますね。

澤上 先ほどのクレハみたいに、消防署も病院もあるとなれば、会社がなくなるとその地方は大変に困る。消防署と病院があっても、利益にはほど遠い。だけど、地元と一緒になって頑張っている企業を見ると、長期投資家としてはすごく応援したくなる。その株が大きく上がったら、嬉しい。このダイナミズムが長期投資の楽しみなんよ。

そういう企業を渡部さんたちがどんどん発掘する。これはすごい仕事になるよ。これからアクティブ投資の時代になるから、10年、20年、30年経っても本質が変わらない企業を見つける。これは大変だけれども、やりがいがある。

渡部 澤上さんにそう言っていただければ、張り切ってやりますよ。

澤上 やれよ。本当にやったほうがいい。今、ちゃんとしたアナリストがいないからね。普通は、アナリストを育てるのに、5年から7年かかる。現在いないから、せっかくアクティブ投資の時代が来るのに空《あ》いてしまうの。これはとんでもないロス。

渡部　ホンダじゃないですけど、今から30年後にすごいことになるモノづくりって何なんですかね？　考えてみると、意外に思いつかないんですが。

澤上　これはね、最近はものすごく難しい。昔は企業が本気で、将来の成長に向けて頑張れば良かった。今はちょっと良くなると、経営を買われたりする。アクティビストも出てくるしね。

悪い株主は、企業を食い物にして、時には潰してしまうこともある。

渡部　澤上さんに『会社四季報』で見ていただきたい会社があるんです。この会社です。私はこの会社は、それこそ、20年後ぐらいに面白いことになっているんじゃないかという気がしているんです。現在、ＩＴ関係で必要な部品をつくっているんですよ。利益率も高くて、いわゆるニッチなんですよね。

澤上　株主欄にある、これらは何かな？

渡部　それはわからないですね。

澤上　こういうのがややこしいのね。

渡部　株主ですか。

澤上　そう、ずいぶんと多くの機関投資家が株主として名を連ねている。そこが問題だよ。

渡部　上場して、まだ間もないんですよ。

澤上　信託銀行も機関投資家も、どういう投資家なのか、こういう資料を見ただけじゃわからん。株が暴落したら中途半端な投資家たちは逃げようとするからね。

その時に、資金をどうするかだね。これが問題なんや。株価が暴落したらＭＢＯをして経営を取り戻すということも大事なことなんだから。

渡部　澤上さんからすると、機関投資家がタッチしていない会社のほうが、当然、関心が高いんですよね。

澤上　でも、現在は多くの企業の株を機関投資家が持っているから。だけど、これから大暴落が待ち構えている。それがやってくると、みんなはどうするか?

渡部　機関投資家は売りますよね。

澤上　その時に、この会社がちゃんと買い戻すなりをしてくれればいいんだけど。そうじゃないと危なくて。

渡部　面白い。そういう視点で見ると、確かに株主がこの会社を愛していない人たちばかりですね。これがダーンと売ってきたら……。

澤上　売ったら大歓迎で、その会社が買い戻せばいいんだけどね。逆に、渡部さんがこの会社に期待しているんだったら、お金を用意しておいて、買ってもいいじゃない。安く買えるよ。交渉するとややこしくなるので、マーケットでみんなが売ってきたら、知らん顔をして、買っとけばいいんだよ。

渡部　すごい！　今の言葉はヒントだ！

澤上　今は機関投資家株主が本当に悪くなっているから、注意が必要。あのイーストマン・コダックもぶっ潰れちゃったでしょ。あの会社は、潰れる理由は何もなかった。写真フィルム業界のジャイアント、超超超優良企業だった。

だって、フィルムビジネスで、世界の70％弱を持っていたから。富士写真フイルムが約20％、コニカが7％か8％、アグファア・ゲバルトが1％。ともかくイーストマン・コダックがダントツだった。当然、フィルムビジネスから転換しなければならないこともわかっていたから、どんどんどん新しい分野の研究をしていたわけ。

ところが株主が、「そんな10年単位のわけのわからん研究開発で、新規の事業分野に巨額資金を投入するよりも株主に還元しろ、株価を上げて配当を出せ！」とすごい圧力をかけてきて、結局、食いものにされちゃった。そのせいで、フィルムビジネスからデジタルへの転換が間に合わなくなり、ビジネス自体が駄目になって、潰れちゃったわけ。だから渡部さんが「お勧めかも？」と言った会社の株も含めて、今は機関投資家株主というのが悪すぎるから、どんないい会社も、わかんないんだよね。

渡部　イーストマン・コダックは株主に潰されたようなものですね。

澤上　そうよ、完璧に。機関投資家、年金。

渡部　富士フイルムはどうだったのですか？

澤上　まだこの頃の富士フイルムは、日本の株主が多くて、外資のえげつないのが入っていなかった。だから、圧力を撥《は》ね退《の》けられた。結局、フィルム事業からの大転身を成功させ、株価も3倍ぐらいになった。

イーストマン・コダックはやればいくらでもできたのに、新しいビジネスをやらせてもらえなかった。それができないうちに、みるみる業績が悪化して消滅した。無責任極まりないヤツらに食いものにされたわけ。経営陣も根性なかったけどね。

第五章
ガラガラポンのあとは、本格派の株式投資の時代が来る

最大の反省はオリンパス。逆に、平気で長期投資家らしいことをしたのはブリヂストン。

渡部　澤上さんは、ヤマト運輸とかセコムが出てきた時って、株式上での評価はどういう感じだったのですか？

澤上　これは言っていいのかどうかはわからないけれども、俺は宅配便を始めた小倉昌男さんが好きだった。

渡部　宅配便は、現在では社会インフラじゃないですか。今のように社会にとって大きな存在になると、登場した当時お感じになったのですか？　それとも、これはまだわからないという感じだったのですか？

澤上　あのね、すごくよく理解したわけではなかったけれども、便利だな、ありがたいなと感じていたのは間違いない。だから当然、応援した。

渡部　セコムは、ちょっとよくわからないという感じでしたか？

澤上　よくわかんなかったけれども、正直言って、そこまでは勉強やリサーチに手が回らなかった。だから、実のところ勉強不足で見逃してしまった会社もいっぱいあるの。それは大きな反省をしている。まだ俺も勉強不足だなと。アホだなと思いながらやっている。

渡部　そのあたりは非常に興味があります。澤上さんの見逃し3つというのはありますか？　これとこれとこれを見逃しちゃったみたいな？

澤上　見逃しじゃないけど、最大の反省はオリンパス。逆に、平気で長期投資家らしく行動したのはブリヂストン。「ブリヂストンのアメリカ子会社のファイアストン製のタイヤを装着したフォードのエクスプローラーが横転事故を続けて起こし、多数の死傷者が出ている」と報道された。ファイアストンのタイヤが悪いと伝えられ、ブリヂストンの株は急落したわけ。

その時に、うぇーと思って、どうしようかなと思いながらも、ブリヂストンがどう出てくるかを注意深く見守った。そしたら3日でブリヂストンがすごい行動をしたわけ。ファイアストンの日本人会長は東京の本社にお伺いを立ててるばかりで、果敢な対処が難しかったので、彼は日本に戻した。代わって、ファイアストンの工場長だったジョン・T・ランペという鼻っ柱の強い男を米国代表に任命して、事態の収拾対応させたわけ。

ランペは、「一方的にファイアストンのタイヤが悪いと言われているが、ファイアストンの調査ではタイヤに問題がなく、フォードの車に原因がある」と、一歩も引かなかったわけ。そして、フォードはファイアストンの最大のお客さんではあるけれども、フォードと縁を切ると決断した。

渡部　縁を切る？

澤上　そう。戦う。フォードと戦う、断固やると言い切った。

一方、問題になった死亡事故やタイヤの回収問題が新聞にジャンジャン掲載されていたけれども、いわれていた補償金額は当時のブリヂストンの内部留保からすると、5分の1ぐらい。「このぐらいだったら潰れないだろうな。じゃあ、俺は応援する」と断固買っていったわけ。こっちもすぐに結論を出して、とことん応援し始めた。

ウチはあの当時、月に2回、全銘柄をディスクローズ（情報開示）していたから、お客さんの中には「こういう社会問題を起こしているブリヂストンを買い増しするとは何事だ！」という意見が出るかもしれない。

それでも構わないから、ブリヂストンを応援すると決めたわけ。お客様が逃げてしまうかもしれない。世の中から批判を受けるかもしれない。そういうリスクを取っても、ウチは断固として応援するぞを貫いた。そういう長期投資家らしいことを、ウチはけっこう立派にやっているわけ。それなのに、唯一のド失敗はオリンパス。

渡部　例の粉飾事件ですか？

澤上　そうなんよ。あの時は、運用会社、外資系を中心に、訴訟をするということで、同意して欲しいと、訴訟費用も負担してくれと回ってきた。そのことをぼんやりと考えているうちに、自分の長期投資家としての本質はどこかへ行ってしまって、結果的には、経営陣を糾弾する、訴訟に同意するという方向になった。

その横で、ブリヂストンは断固たる買い増しをしたのに、オリンパスは買わずに、むしろ売りにいったわけ。あとになって大いに悔やんだ。オリンパスの社員の技術も、製品も何も問題がなかった。考えたのに、なんで俺は、売ったのか。なんで応援しなかったのか。

これは最大の反省。最大。いまだに自分に対して頭に来ている。

渡部　すごい。澤上さんでもそんなことがあるんだ。逆に興味があるんですけれども、なんで売ったんですか？

澤上　いや、わからん。本当に。ブリヂストンの時はちゃんとやった。他の会社に対しても、俺たちは長期投資を貫いているのに。住金でも何でも応援すると買ったのに。どうしてオリンパスだけは売ったのか……。運用会社がみんな回ってきて、訴訟しようと言っていて……。

渡部　やはり、澤上さんでもメディアなどに流されてしまったところはあるんですかね？

澤上　流された。流されたと同時に、ほかの連中は短期だから売っても当然だけど、俺は長期投資家だというのを、あの瞬間だけ忘れちゃったの。なおかつ内輪の話をすれば、ウチのコンプライアンスをやっていた人も強硬に「オリンパスは駄目ですよ、保有していては。社長！」と言っていたのもあった。

それも、「うるせえ！」って言えば良かったんだ。技術は素晴らしいし、あそこでどんどん買い増しをしたら、すごい結果になっていた。

任天堂はゲームには興味がないし、興味がないものはやらないと決めていた。俺は好き勝手選んでいるから。

渡部　面白い。無茶苦茶、参考になりますね。ところで、ファーストリテイリングはどう思いましたか？

澤上　あれは理解できなかった。俺の見逃しのひとつだね。アホだった。

任天堂なんかは、もともと俺はようわからんから。ゲームに興味ないし、興味がないものはやらんということにしていたから。買おうというアイデアは、最初からなかった。買ったほうが良かったな、と反省することもなかった。

渡部さんたちは全銘柄を網羅するけど、俺は好き勝手に選んでいるんで。

渡部　任天堂は現在の澤上さんのお立場で見て、いい会社だと思われますか？

澤上　いや、いいかどうかはわからんけど、2つあって、1つ目は、ゲームとかエンタテインメントというのは、俺はあんまり好きじゃない。ウチの子供たちもファミコンをやって、みんな眼を悪くしたしね。だから、流行るのは良くないなと感じていた。

2つ目はより本質で、どんどんデジタルだとか、そういう世の中になってきているじゃない？　そのような流れの中に、全部が全部ついていかなあかんという理由はないなと。だから、俺は行かない。

渡部　身近で、利益が出ていそうでも、「流行りモノと本当に必要なモノとの違いが大事だ」と私は思っています。例えば、つい、2、3年前は、タピオカが非常に流行ったわけです。誰もが「今、タピオカ屋をやらないでどうするんだ！」みたいな雰囲気だったけれど、あれは一時的な流行りだから、やっちゃあ駄目だったんですね。

同じジャンクフードというくくりで言うと、やはり、日清食品のカップヌードルがすごいんですよ。私は、味変《あじへん》とかいろいろなカップ麺を浮気して食べるのですが、最終的に日清のカップヌードルとチキンラーメンに戻るんですよ。「何でも身近なものがいい。しかも現在流行っているモノがいい」というわけではない。どの企業の株を買うかに関して、ここがすごく難しい。しかし、こういうところに本質があるのではと考えています。

日清のカップヌードルとチキンラーメンに、国民的な人気がある。その原点は、安藤百福さんが「毎日食べても健康でいられる」という宣伝をし、しかも本人が90歳を超えても、自分が実際に毎日チキンラーメンを食べるシーンを見せているんですよ。そこにはやはり、おそらく、商品が生き残る本質があるのではないかと考えています。

こういった本質に関して、澤上さんがわかりやすく言い換えるとすれば、どう説明をしていただけるのかなと思います。

まず自分があって、客観も良くて、もう一回自分に戻ってきて「いいんじゃない」という3段階。

澤上　これ言っちゃうと笑われちゃうけど、自分が好きな会社や商品でいいんだよ。ただし、周りを見て、「みんな、好きそうじゃん。みんな、そうなんだな」ぐらいを参考にすればいいんだよ。どのくらいの人が好きかは、アンケートぐらいはあるかもしれないけど、本当のところは、実証や検証ができないわけよ。だけど、「自分も美味いと思っている。周りを見たら、みんな好きそうに買っているな。じゃあ、いいんじゃねえの」とかでいいんだよ。

渡部　今、すごいヒントがあって、澤上さんは、「自分がいい」というだけではなくて、一応、周りも見て、「みんながいいなら、いいんじゃない」って、これは非常に大事だと思います。

澤上　でも、前提は自分が絶対。みんながいいと言った株に、ふわっといく。これは駄目。まず、自分が必要。そうでないと、応援したいという気にならないから。

渡部　どっちかと言うと、私なんかは「みんなが」に寄りすぎていた気がします。「自分がいいと思った」で失敗した経験が何度もあるから、客観も重視しなければと思っていました。だけど、澤上さんの意見はすごく明確で、まず自分があって、客観も良くて、もう一回自分に戻ってきて「いいんじゃない」という、この3段階。これが投資の銘柄を選ぶ基準ですよ。これは大変な名言だと思います。

澤上　いいかどうかはわからんけど、アハハ。基本は、本当に気合いを込めて、自分が思い描く将来のために、心から応援したいかどうかなんよ。そう考えていると、自己中心であっても、意外に企業が見えるの。「みんなはいいと言っているけれども、俺はいまいち、いいと思わんけどな」とか。そうすると、最初から買わない。

渡部　確かにそういう視点で見ると、銘柄は絞られますね。

澤上　そう、意外とね。意外と銘柄選びは楽なの。渡部さんは、『会社四季報』の全銘柄を網羅しているんだけど、そこから今度は「自分が好きか？　応援したいか？」で、絞り込むのよ。自分なりの絞り込みがベースになれば、渡部さんも次の段階に入ると思う。そうすると、自分の色がわかって面白くなる。

渡部　澤上さんにそう言っていただけると嬉しいです。

澤上　長期投資は、自分の夢の追い求めなんよ。こういう社会にしたいな、こんな世の中を子供に残したいな。そういう方向で、この企業は残したいなとか。そんな夢と想いがあって、強い意思が持てるわけ。

渡部　株式投資は、未来をつくる一つの方法なんですね。

澤上　だから、こういう社会にしたいという明確で、なおかつ、自分の好き勝手なイメージが大切なわけ。それから外れたものに関しては、違和感を覚えるわけよ。応援する気もなくなる。儲かりそうだけど、応援する気は湧かない。結局は、自分の好きなものでやればいいよなとなる。

渡部　名言です。素晴らしいです。さすがです。

本物の投資というのは、夢や想いのためにある。投資もどきとはまったく異なる。

澤上　ましてや、これからアクティブ投資の時代だから、ますます本質が重要になってくる。インデックスは駄目になるから。

渡部　これからはアクティブとパッシブでなく、別の呼び方がいいかもしれませんね。

澤上　本質というと、わかりづらいから、俺は、本格的な投資と投資もどき、というような表現をしょっちゅう言っている。

　まがいもの、投資もどきと本物投資は違うぞと。本当の投資というのは、夢や想いのためにお金に働いてもらうこと。だから、ちゃんとした方向性があるし、意思もある。ところが、投資もどきは儲かればなんでもいいわけよ。で、マーケットを追いかけて、マーケットで損をする。我々は、マーケットは完全に無視だから。

渡部　投資のような顔をして株を持っているけれども、投資とは、まったく違うぞと。投機とも異なりますよね？

澤上　投機って、みんな馬鹿にしているけれども、本当にカミソリのように切れる投機というのは、すげえと思う。普通の人はできないよ。ジョージ・ソロスがイングランド銀行とやったようなのよ。もっと昔は、ジェシー・リバモア。彼は破産を繰り返し、そのたびに立ち直って、最後は――。

渡部　最後は自殺したんですよね？

澤上　１９２９年の大恐慌時も、８月から全財産を投入した空売りをしていて、彼は当時のお金で４０００億円以上もの天文学的な儲けを叩き出した。儲けすぎて、すべての人から怨嗟《えんさ》の的となった。ほかの事情もあり、最後は自殺しちゃった。あれはすごいと思う。彼は何度も破産を繰り返しているから慣れている。自分のすべての人生をかけて空売りをし、反転急上昇の中でドテン買いしたわけ。

渡部　野村證券も、創業者の野村徳七は空売りで成功した。日露戦争やシベリア出兵では株式市場でバブルが起きていて、こんな相場はおかしいと空売りをした。最初は大損をして、もう駄目だという時にも、みんなからお金を集めた。そうしたら、最後、ドスンと相場が下がった。多分、サイクル的にもこうなるだろうって、今日の話と似てますよ。必ず一回、ガチャンと来るのに賭けた。

澤上　野村徳七さんはリサーチをしていたからね。リサーチはすごく大事なんだよ。

「ビジネスラウンドテーブル」は行き詰まりから出てきた。しかし戻り方がわからなくなっている。

渡部　２０１９年８月に、アメリカの主要企業の経営者で組織している団体「ビジネスラウンドテーブル」が、これまでの「株主第一主義」を見直して、従業員や地域社会など、すべてのステークホルダー（企業に対して利害関係を持つ人。株主・社員・顧客，地域社会など）の利益を尊重した事業運営に取り組むことを宣言しました。これについては、澤上さんはどうお考えですか？

澤上　これは、年金を中心に機関投資家が企業を短期利益追求に走らせてきた横暴が、行き詰まったから出てきたもの。２０００年前半に出てきた社会的責任投資（ＳＲＩ）も、そうだった。あれも結局、これまで無茶苦茶をやって、「これはまずい。企業もおかしくなってきた」と言い出してＳＲＩが出てきた。ＥＳＧだとかＳＤＧｓもそう。ラウンドテーブルも、みんな行き詰まりからよ。

ＳＲＩとかのお題目を掲げるのは、駄目になっている象徴だよ。無茶苦茶なまでに短期の利益追求経営に走ってきた企業たちが、「今は、自分たちはちゃんと社会責任意識を持ってやってる」と言っているわけ。機関投資家たちも、これまた涼しい顔をして「現在は、きちんと社会や環境への責任を果たして株主をやっています」と言っている。

だけど、おかしいじゃない。普通、経営というのは、わざわざそんなことを言う前に、それらを企業理念としてやっちゃっているはず。投資家も、そういう社会や環境への意識が高い企業を選んで投資しているのが当然なの。それを自分は良い子ぶって、ジャッジみたいな立場で、ほかに正論を押し付けているなんて、おかしいじゃない。

まともな経済人で、本当に社会、それも10年後、20年後、30年後の社会をイメージしながら、経営するなり、投資しているんだったら、初めからステークホルダーのことを考えた経営をしていたり、そういった企業を選んでいたりするはず。あらためて、そんな言葉が出てくるわけないじゃない。

渡部　じゃあ、ある意味、これまで変なルールでやってきて、行き詰まってきて、気がついたらみんなと感覚がズレていたから、戻そうという流れになっているんですか？

澤上　戻そう、ではなく、そこまで行っていないの。もう戻り方がわからない。駄目になったから、立ち止まっているだけ。そんな程度だから、例えばＥＳＧだと、とりあえず化石燃料を扱う企業はやめろと言っていたのに、ウクライナ問題で、株価が上がってきたら、慌てて石油会社の株を買っている。これまでの主張を、あっという間に捨ててるじゃない。

渡部　もう矛盾だらけですね。

澤上　だから、「ラウンドテーブル」も表向きはまともに見えるけれども、実は、わざわざそんなことを言わなくちゃならないぐらい内情がひどくて、自己反省でやっているだけ。唯一、評価できるのは経営者たちが自分たちを短期利益追求に走らせてきた、機関投資家株主の横暴に対して「ノー」と主張したこと。それだけはまともだよ。

渡部　まずは、そこからですね。

もどきを捨てて、本質一本で行けばいい。長期投資をやる限りにおいては、地方ほど有利。

澤上　しかしながら、その経営者たちも、機関投資家株主たちに選ばれる立場だからね。だから実質的には、そう変わらない。

渡部　そんなに変わりませんか？

澤上　変わらん。しかし、大暴落があり、年金はじめ機関投資家が牛耳っている運用業界が一回ぶっ潰れたら変わるわな。これからの社会のためには、本当に一回、ガラガラポンがあったほうがいいんだよ。ひどい状態になると、本質部分が見えてくる。その本質の中に、人々の普通の生活、実体経済がある。本質に根ざしている会社は大丈夫だけど、ふぁーとしたところは吹っ飛ぶ。

渡部　確かに、それが投資の原点です。大暴落後は、みんなが原点に戻るということですね。

澤上　現在は証券業務をやっていないんだけど、広島にウツミ屋証券（現社名は株式会社ウツミ屋）ってあったの。ある時、もう亡くなったけど、当時の打海壌治社長と夕飯を食べたわけよ。その時に、打海さんが「澤上さん、うちなんかはこれからどういう道を行ったらいいんでしょうか？」と訊《き》いてきた。

当時は、総合化、国際化という言葉がにぎやかな時代だったわけ。だからそういう相談があったんだろうけど、即座に「ああいうのは止めて、偉大なる田舎っぺになりな。それが一番です」と言った。ウツミ屋証券は中国地方の山陽、山陰の雄。すごい堅実経営で、財務内容も非常に良かった。だから、そう答えた。「これからの流れからいって、証券会社は手数料稼ぎから、投資家顧客の資産形成のお手伝いに切り替えないといけない。そっちに会社の方向を変えて、偉大なる田舎っぺでいいじゃないですか」と話した。

渡部　「偉大なる田舎っぺ」って、いいですね。

澤上　打海さんもその言葉を気に入っちゃって、「うちは偉大なる田舎っぺになるわ。どうせ田舎っぺだから、偉大になるわ」と。

打海さんが「長期投資はわからない」と言うから、「じゃあ、本格的にやるなら俺が手伝うわ」と。2年半ぐらいかけて全支店を回って、社員教育を手伝った。俺に教わった若い人が、みんな支店長になっていった。その後、さわかみ投資顧問を始めた時に、ウチは営業を何もしていなかったから、助言契約顧客には投資をしたことがない人たちが多かったの。だから証券会社に口座を持っていない人も多くて、「澤上さん、どこの証券会社と付き合えばいいですか？」と聞いてきたから、各地のウツミ屋証券の支店長に紹介して、口座を開いてもらったりしたわけね。

　そういうつながりで、ウツミ屋証券はどんどん面白くなっていった。打海さんとは「もう、これからは証券のほうが銀行よりも伸びていくから頑張ろうね」と話していた。ところが、亡くなっちゃった。息子たち2人はすごく良い子たちで、良い子過ぎて、ウツミ屋証券は業務を「ひろぎん証券」に移すことになった。

渡部　地域に強い基盤を持ち、頑張ると伸びる実例ですね。

澤上　こういう地域に根を張った会社が、ガラガラポンのあとでも生き延びていくわけ。

渡部　最近、たまたま徳島県からいらした社長さんとお会いしたら、「いやあ、澤上さんはしょっちゅう徳島に来ていらっしゃった」とおっしゃっていました。

澤上　徳島だけでなく、リクエストがあれば全国どこでも行った。小さいところから中堅まで、いっぱい回った。お客さんたちの長期投資、長期の財産形成のお手伝いをしようと。証券会社も銀行も、問題意識を持っているところは、「来て欲しい」と言われれば「いいよ」って。それで、一回限りは数え切れないぐらいある。

渡部　それは、お金をもらっているんですか？　セミナー講師料みたいなものは？

澤上　交通費はもらっている。これはセミナーじゃなくて、長期投資の啓蒙だから。

渡部　えー！　すごいな。

澤上　交通費ももらわずに完全手弁当で行っているところも、いっぱいあるよ。徳島のある証券会社なんか、ずっと月に1回、全部自費で行っている。一生懸命にやっているところだから、応援せざるを得ないじゃん。お陰様で、昔は金がなかったけど、今はある程度、余裕があるからね。

渡部　私も、これから頑張らないといけないな。

澤上　もともと地域経済活性化というのを30年前からやっているわけ。その理由は簡単。俺はずっと長期投資をやってきているから、「長期投資をすれば、お金が増えるに決まっているわ」と、確信しているわけ。もちろん、約束はできんけどね。

おそらくは読者のみなさんの間で「さわかみファンド」の実績も知っている人も多いと思うけど、12年で倍よ。24年で2倍の倍だから、4倍。実際にそうなっている。すると、東京に住もうが、徳島に住もうが、どこの田舎に住もうが、投資で増えるお金は変わらん。100万円のリターンは、どこに住んでも100万円よ。

ところが、東京だと生活コストは70万円、80万円かかるから、現実的には自分でつかえるお金は20万円とか30万円しかない。田舎に行けば、30万円ぐらいで生きていけるから、ものすごくつかい勝手がある。70万円もつかえるわけ。すると、長期投資をやっていて、その結果70万円を地方でつかえたら、何でもすることができる。

だから長期投資をやる限りにおいては、地方ほど有利なの。このことは昔から確信していて、ずっと主張してきたわけ。徳島で一生懸命やっている件《くだん》の証券会社の社長は、それにピンと来た。人々が長期投資でお金を殖やし、それをどんどんつかえば、地方も活性化するからね。

その証券会社は6年前から手数料稼ぎビジネスを一切やめて、顧客の資産形成を長期投資でお手伝いしている。それで経営は厳しいけど、社長が「これでいけるわ」と確信している。この先、とんでもないところまで行けると、やたら明るいの。

渡部　私は、これから証券会社はどうやって生きていくんだとすごく心配をしていて。現在は規制業種だからなんとかやれているけれども、規制がなくなれば、どこも同じような商売をやっていて個性がないので生き残れないのでは、と考えています。

澤上　現状の証券会社ビジネスでは、ほとんど無理だよ。

渡部　と思っていたんですよ。でも今のお話を聞くと、生き残る道はすごくシンプルですね。結局、もどきを捨てて、本質一本でいけばいい。

澤上　我々が頑張っていれば、だんだん「そうか」と志を共にする仲間が増えていく。これからガラガラポンが起こるから、時期的には最高。どんどんシンパを増やしていこう。

「さわかみ投信」の成功は「俺がすごいんじゃなくて、長期投資がすごいだけ。本物のすごさ」。

渡部　先にもお話をお聞きしましたが、澤上さんの原点は高校、大学の時に、ご家族で苦労されたことなのですか？

澤上　まあな。今「さわかみ投信」をやっている原点は、金持ちから貧乏になったということ。俺は貧しい人たちのほうへ行っちゃったわけよ。でも、この人たちは本当に貧しいのに、優しいんだよ。人間としての優しさがあるんだよ。だから、なんとか、「少しずつでも、こういう人たちを楽にすることができないかな？」と、ずっと思っていた。それで、たまたま長期投資の仕事をするようになって、投信が一番いいと確信した。誰もが簡単に資産形成の道に入っていける投信により、ちょっとでもみんなが良くなり、一緒にコップ酒が飲めたら、ええなという格好だ。それを実現させた「さわかみファンド」のパンフレットには、市井に生きる人々のために、長期投資でもって資産形成をお手伝いすると書いた。決して金持ちのためじゃない。

渡部 だから、「さわかみ投信」には、商品は「さわかみファンド」一本しかないんですね。

澤上 営業やマーケティングは一切せず、この本格的な長期投資の船に乗って、一緒に頑張っていこうということ。したがって、複数の投信を並べる必要などない。商売にしようと無理して売ろうとするから、「これもありますよ。これが気に入らないなら、これもありますよ」とやるわけよ。ウチには、そんなものは必要ない。ウチで売りたいのは、これ。嫌ならやめといて、それだけのこと。

渡部 なるほど。すごいですね。

澤上 それが普通だと俺は思うよ。今、みんな儲けよう儲けようで、あれこれやりすぎている。もっと本質でいけばいいのに。そもそも、事業はあれやこれやとチャラチャラやったりするほうが、おかしいんだよ。

渡部 でも、澤上さんは、このビジネスを10億円近い借金までして。どうしてそこまでできたんですか？　すごい遠回りな気がするんですよ。つまり個人向けの公募投信の直販だけで、年金資金を取ることなしに。

澤上　そうでないと、まともな長期投資ができないもん。俺はこれまで世界の運用舞台で機関投資家の業務をすべてやってきた。それに加え、いろいろな機関投資家の限界も勉強してきた。機関投資家たちの限界を見てきて、それを全部なくしたのが「さわかみ投信」よ。だから、機関投資家は客にしない。年金は扱わない。営業は一切せず、実績のみで勝負する。そういう方向で自由気ままにやるけど、それを良しとする個人の投資家に付き合ってもらう。

お客さんがこちらの方針についてさえ来てくれれば、好きなように長期投資の運用ができるじゃない。だから「なぜこの株を買ったか？」などの説明は一切しない。その代わり、ディスクローズは徹底し、月に2回（最近は月1回）、全組入れ銘柄を見せる。すべては結果を見ればわかるでしょ？　それで嫌だったらやめて、というやり方。

渡部　私は投信の仕組みがわかっているので、澤上さんが大変だったのがよく理解できます。固定費もすごく重くて、やる前からずっと赤字だってわかるじゃないですか。よほど資産が貯まらない限りは、黒字転換しないことはわかっているじゃないですか。

澤上　だから前にも話したように、最初は150億円、200億円近くいったら何とかなると思ったの。それがシステムにお金がかかったから、結局750億円、760億円いくまでは、真っ赤っ赤。

渡部　そのすごいエネルギーが理解できない。

澤上　だって、長期投資をやっていたらね、成績が出るに決まっているし、勝つに決まってるじゃん。頑張り通せばいいいだけなんだから。

渡部　いわゆる事業という感覚でも、単年度の決算じゃなくて、長期で見たらいける、大丈夫だと、その信念があったからできたんですか？

澤上　もちろん、長期投資で勝つのは当たり前だと思っていた。だから外部株主を入れなかったわけ。俺が一人株主で。別の株主が入ってきたら、好きなようにはやれないからね。「さわかみファンド」を立ち上げた意味がない。だから歯を食いしばって頑張った。

渡部　一般的な事業でも10年赤字だと大変です。そもそも、この金融という独特の規制業種で、非常に厳しい仕組みの中で、よく続けられたと驚くんですよ。

澤上　まして、営業もせずにね。

渡部　そう。だから、すごいなと思うんです。金融業界の規制の厳しさがわからないと、おそらくは澤上さんのご苦労はわからないと思います。

澤上　そういうふうに思っていただけるのは嬉しいけど、俺がすごいんじゃなくて、長期投資がすごいだけ。本物のすごさよ。本物は一切のごまかしもないし、長い目では勝つの。だから俺は別にすごくないよ。ただ、頑張っただけで。

渡部さんも、やってやって、次の段階に入ってくると、もうちょっと面白くなってくると思うよ。時代は長期投資に来ているから。

これから本物の株式の時代が来るよ。本物の株式投資ができる人がいないのよ。プロと言っている連中もできない。本当にいない。誰ができるのよ、だ。ウチの投信の連中か、本当に一部しかいない。

第六章
日本復活のためには経済のダイナミズムが必要だ

日経平均は長期的には超楽観。必要なのは間接金融から直接金融への移行。

渡部　澤上さんは今後、日経平均はどう動くと思われますか？

澤上　いい？　日経平均とかインデックスなんてのは個別銘柄の集合体であって、現在の時点では石コロもたくさん入っているわけよ。そして、ガラガラポンが来れば、経営破綻などで石コロはなくなる。なくなるまでは下がるけれども、石コロが全部なくなれば、玉ばかりが残るから、上がるんよ。だから、長期的には俺も、日経平均が例えば、５万円になっても驚かない。

渡部　なるほど。私たちは、日経平均は将来的に30万円になると考えています。現在の日経平均は、ソフトバンクやファーストリテイリングなど大型株の比重が大きくなりすぎていて、日経平均自体を語ることに本当に意味があるのかどうかという問題があります。

しかし、一応、指標という意味では、ざっくり言って、40年上がって24年調整して、40年上って24年調整するというのは、日本でマーケットが開かれてから１５０年の間、ずっとそのサイクルが続いていています。現在は、次の40年の上がり始めのところに入っているという位置づけを、私はしています。

澤上　だいたい、そんなもんじゃないの。一度ガラガラポンが来て、企業は淘汰整理されるけれども、本物の経営をしている会社は残り、立ち直っていく。長期的には俺も超楽観。ガラガラポンのあとは、日本の経済もダイナミックになる。そこで必要なのが、間接金融から直接金融への移行なの。

渡部　これからの日本には、直接金融が非常に大切になってきますね。

澤上　これはものすごく大事なことだから、俺が順を追って話そうか。よく直接金融とか間接金融というけれども、日本にはもともと間接金融しかなかったわけ。これは、明治から最近までずっとそうだった。

理由は簡単で、明治の頃は日本全体が貧しかったし、国にも全然お金がなかった。しかしながら、産業を興《おこ》さないといけない。経済力を高めないといけない。そのためにはどうすればいいのか？　お金が必要だ。そのお金を集めるために全国の地主さんとか有力者にお金を出してもらって、郵便局を設置した。銀行もつくっていった。

これは取りも直さず、国民のお金をとにかく広くあまねく、効率的に吸い上げていくためだったわけ。こうして国中から吸い上げたお金を、産業インフラとか企業の設備投資にまわせるような仕組みをつくっていったわけ。こうして明治以降、また、戦後復興でも日本は間接金融が経済の中心となった。

つまり、政府は、国民の金を吸い上げて、産業界や企業に届けるために、全国各地に郵便局や銀行を置いたわけよ。

郵便局・銀行が窓口になって、国中のお金を吸い上げる。そうやって吸い上げたものを、どんどん産業に流していく。お金の出し手（個人など）も、お金の取り手（企業など）も、より良い条件を自分で求めて好き勝手に動く直接金融と異なり、ともかく郵便局や銀行に国民のお金を集中させる間接金融は一方通行的なお金の流れとなる。この国民のお金が産業界に向かってどんどん流れ込んでいく。この一方通行の流れは、経済を建設し成長させるためには、一切無駄がないから一番効率的なの。

ほかの国であれば、余ったお金は海外に投資しようとか、あるいは株式投資をやろうとかになる。そのために、国はまともな株式市場をつくろうとする。だけど、それをやってしまうと、産業資本は集まらない。だから、日本では証券会社もめちゃくちゃだったけれども、国は、「株式投資は博打《ばくち》だ」という概念を国民に植え付けるために、好きにやらせて、野放しにしていたわけ。同時に、外為規制で、海外投資は相成らんという形にした。そういう格好で国民のお金を完全にがんじがらめにして、預貯金に集約させてとにかく産業界に流れ込むようにしてきたわけ。だから、国民のお金は一切の無駄もなく、国内の経済建設につかわれたわけ。

渡部　なるほど。

澤上　例えば、アメリカの経済建設も、結局、18世紀、19世紀にヨーロッパ資本が流れ込んだわけね。中国は、今、すごい、すごいと言っているけれども、その大半が海外資本によるものなの。ところが日本は、ほとんど国内の資本でもって、それをフル回転させたわけ。これは世界でも例がないほど、すごいことなの。間接金融は、日本の高度経済成長に最大の効果を発揮したわけ。

日本以外で唯一の例外は、台湾なの。どういうことかというと、台湾は中国が国連に加盟したりしてから、世界の金融から絞め出されたわけ。だから、自立せざるを得なく、自分のところのお金を集めながらやった。日本は先行したけれども、台湾も頑張った。この2つは例外で、あとはどこの国も経済発展は、外国の資本を入れているわけ。

この間接金融というのは、基本的には順ザヤの世界で、1％で集めたお金を3％で貸す。

そうすると、間の2％が抜けて、それが銀行や生保など国民のお金を集める窓口機関の収入となる。2％で集めた金を5％で貸せば、3％が抜ける。とにかく目的は経済建設。これを大蔵省が、がんじがらめでコントロールした。昔は固定金利で、金融機関の間で競争はさせない。全部、間接金融しかあり得ないとやったわけ。

しかも株式投資をやられては困るから、博打という概念を徹底させた。証券会社がいい加減なことをし、いろいろな問題や不祥事が起こっても、ほとんど野放しにした。それでもって、「株式投資は博打だよね。危険だよね」と国民の意識に刷り込み、「預貯金のほうがいい」と貯蓄信仰を高め、とにかく国民の金を集めさせた。これが完璧に寄与して、日本の高度成長を資金的にバックアップした。

渡部　そうですね。

澤上　でも、間接金融というのは、ある程度経済が発展をすると、ブレーキになる。なぜかというと、昔は産業界も企業もお金がなかった。それでも設備投資をしないといかん。それで、「金が欲しい、金が欲しい」と言っていた。だから、間接金融に全面的に頼るしかなかった。

ところが、その国の経済が相当に発展成長すると、産業や企業のほうにも、資本の蓄積が進むわけ。資本の蓄積が進むと、前は「貸してくれ。お金が欲しい」と言っていたけれども、「もういい」ということになる。むしろ、ちょっと返したいという流れが出てきたわけ。

でも、日本は間接金融一本ヤリでやってきたから、お金の流れは一方通行でしかない。それで、銀行などは、とにかく「借りてくれ、借りてくれ」。企業のほうは「うちは返したい」。そんなわけで、お金の行き場がなくなった。

結局、見つけたのが、土地と株式の神話。土地はどんどん値上がりしているし、株式もずっと右肩上がりだったからね。

これならいい！　と金融機関も、企業も、また国民もみんな群がったのが80年代後半の土地や株式投機バブル。

バブルが弾けて何が起こったかといえば、笑っちゃうが、日本はもともとが間接金融で一方通行のお金の流れしかない国だから、相変わらず銀行にお金が集まってくる。ところが銀行は自分のところに不良債権がたくさんあるから、とてもではないが、企業に貸す余裕はない。それで貸し渋りが起こり、貸し剥がしも社会問題となったわけ。

間接金融の限界と危険性を痛いほど学び、政府もようやく国民に「貯蓄から投資へ」とかで、直接投資を勧めるようになった。

渡部　おっしゃるとおりです。

競争のない間接金融からは、経済のダイナミズムは生まれない。

澤上　しかしながら、現在に至っても、日本の経済は間接金融が中心となって動いている。直接投資はなかなか伸びない。俺たちは、80年代からずーっと、お金の流れを直接金融のほうにもっと広げようと提言してきたが、まだまだだね。

日本で直接金融というと、株式市場や債券市場を通して資金調達するのが一般的。それと、「さわかみファンド」もそうだけど、投信などの金融商品がいろいろ出ている。最近はM&A、またクラウドファンディングなど、いろいろな方法が広がってきた。M&Aの仲介業者が増えてきたのは、すごくいいことだ。

ただ、アメリカなんか、国全体の資金循環で見ると、直接金融と間接金融の割合が6対4なんよ。日本は先ほど話したように、以前と比べると多少良くはなってきてはいるけれども、それでも90数%は間接金融。

間接金融は順ザヤの世界だから、誰でもできる。お金の出し手にも取り手にも、より良い条件を提示してビジネスにつなげるといった競争もない。銀行員なんか、10年ほど集金業務をやって、その後は「貸付をやっています」と言っても電卓を叩きながら担保価値を計算して融資業務を進めるぐらい。しかも銀行借入には必ず担保を要求されるから、どうしても土地など不動産を保有することでバランスシートが膨らんじゃうわけ。銀行から借り入れをするには、たとえ活用していなくても土地などの担保を抱えておく必要があり、それだけ経済効率が悪いわけ。

アメリカなどの例でいえば、中学、高校までボクシングをやっていた。世界を目指している途中で、パンチを食らってボクシング人生を断たれた。でも、生きていかないといけないから、お金がもらえれば何でもいいと、ウォールストリートみたいなところで書類配達とか、単純な仕事を始めた。

その男が、ボクシングによって鍛えた決断力や胆力を武器に一気にのし上がっていき、5年もしたら証券会社の社長になっていた。そんなタイプの連中が、直接金融が盛んな外国にはゴロゴロいて、日夜すさまじい競争を繰り広げている。直接金融の世界では、伸びるヤツは伸びるし、駄目なヤツは駄目。競争があるから、勝ち負けがはっきりとしているわけ。ところが日本の銀行マンは、のほほんとしていても出世できる。

これじゃあ、経済のダイナミズムも生まれない。

悪いのは間接金融の貸し手だけじゃない。国民も悪い。国民は直接金融のうまみや味をまだわかっていないのもあるけれども、0・001%の金利で、「利子がつかないなあ」と、ぼやっとしているだけ。日本のGDPの1・8倍ものお金を、1万年経っても2倍にならないような預貯金に寝かしているのよ。まったくの無意味。世界最大のムダというか、もったいない話だよ。

また企業のほうもさして自助の努力せず、銀行から金を借りるだけになっている。

さっき説明したバブルも、お金の行き場がないから株や土地に行っちゃっただけ。そして、バブルが弾けたら国民も企業もデフレ経済に苦しんでいる。なんともお粗末なことよ。

だけど、お金の出し手も取り手も、その間を取り持つプレーヤーも、もっと努力をすれば、直接金融の可能性は無限に広がる。直接金融がもっと多くなれば、経済のダイナミズムも生まれるし、新しい企業が大きく伸びる可能性も出てくるし、みんなにとって役に立つ新商品も開発されるわけよ。

ただ、直接金融は、現在の銀行がやっているような、のんびりとした間接金融みたいなやり方じゃあ、絶対に駄目。

直接金融においては、間に立つプレーヤーは、より良い条件を、お金の出し手にもお金の取り手にも出していく必要がある。すると、別のプレーヤーはさらに良い条件を出す。そこで競争が生まれる。この競争を通して、プレーヤーは自分たちの仕事をビジネスにしていくわけ。

例えば、間接金融が、1％をお金の出し手に払い、3％で貸しているとする。そうすると、直接金融のプレーヤーは、じゃあ、出し手には1・4％払いましょうと提案する。すると、別のプレーヤーは即座に1・5％の金利を提示する。それを見て、では1・7％出そうとくる。次いで、1・9％だ2・1％だとなっていく。

また、お金の取り手も間接金融が企業に3％で貸しているのなら、もっと良い条件をと探し求める。それに対し、直接金融のプレーヤーたちは2・6％だと、いや2・5％だ、思い切って2・3％だと競争を繰り広げる。その挙げ句、2・0％だと言い出す。かくして、どんどん競争が激化し、お金の出し手には高く、借り手には安くなっていく。

そうすると、ある程度いくと、より良い条件を提示しようとしたプレーヤーにとっては逆ザヤになる場合もある。しかしながら、毎年の数字だと逆ザヤかもしれないが、5年、

7年、10年の時間軸で採算とれればいいやと、あれこれ工夫し新しい手法を生みだす。間接金融は順ザヤの世界で、競争はほとんどないけれども、直接金融の世界には熾烈《しれつ》な競争がある。その中で直接金融のプレーヤーたちも磨かれていくわけ。直接金融のプレーヤーは、より利益になる借り手を探し、企業は、より安く貸してくれるプレーヤーを探す。

もちろん、直接金融のプレーヤーは、リスクを取っているから、リスクに見合うだけの要求を企業にする。担保なんて当てにならないから、企業に対して、財務並びに経営の透明性を求める。もうひとつは成長性を求める。それらでもって、逆ザヤでもリスクを取ろうとするわけだ。

実際のお金の出し手にも企業にもうまみがあるようにするためには、一年単位では逆ザヤになるケースもある。しかし、3年、5年、10年の時間軸で企業が成長してくれれば何とかペイするといった工夫をする。

現在は、日本は間接金融中心で、最近ようやく少し出てきたけれども、プレーヤーもまだまだ少ない。国民も直接金融のうまみを理解していないし、企業も甘えきっている。海外であれば、0・001%の金利なんてアホらしいと、お金をもっと儲かりそうなところへ移動させる。1%でも2%でも、自分で探すのが当たり前。

直接金融が日本で広がるためには、大義名分と良いモデルが必要だ。

渡部　私も、直接金融がもっと増えれば日本経済がダイナミックになると思っています。しかしながら、それが広がらないのは、結局、日本人は損得勘定だけでは動かないところがあるのではないかと考えています。政府が「老後２０００万円のお金が必要だから投資をしなさい」と国民を脅し、直接金融、つまり投資を国民にさせようとしました。

私は、あの政策はいいとは思わないのですが、政府としては切羽詰まっていて、「さすがに脅せば国民は動くだろう」と考えたと思うんです。しかし、動かなかった。

私はここで一番何が抜けているかというと、〝大義名分〟が抜けていると思うんですよ。つまり、現在は間接金融が中心。だけれども、今後の日本経済の発展のためには、直接金融中心にならないといけない。お金をそのように動かすための〝大義名分〟の出し方が足りないんですよ。

澤上さんがおっしゃるように、「共感とか応援、そしてそれがめぐりめぐって自分に戻る」

というのが体感できれば、大義名分が立ちますから、そうすれば、今後金利が上がったとしても、国民のお金は貯金するよりも、直接金融のほうに移る可能性があると思います。ただ、現在の問題は、その大義名分を誰も出していない。だから我々民間で出そうということです。本来は金融行政も含めて、「なぜ投資をしなければいけないのか?」「どうして日本企業に投資するんだ」というようなところに対する答えとして、もっと夢のある大義名分を出していく必要があると思っています。

澤上　渡部さんが言う〝大義名分〟に関しては、まったくの賛成。これは日本経済の活性化、再生に絶対に必要なんよ。「自分のお金をどう動かすか?」という指針も含め、大義名分は必要。だけれども、もうひとつ必要なのは、〝モデル〟。

渡部　〝モデル〟ですか。

澤上　「こっちよりも、こっちのほうが絶対にいいよ」という成功のモデルを見せれば、例えば投資は難しいと感じている人も含め、大勢の人がその方向に向かうはず。俺は、ずっとインフレになる、と言ってきた。ここでようやくインフレが現実問題となってきた。そうすると、預貯金は目減りしていくよね。

預貯金が目減りしていく流れの中で、「渡部さんに投資すれば、こんなに利益が出た」「『さわかみファンド』で投資すれば、預貯金と大きな差がついた」ということがわかるモデル。これを見ることにより、「インフレでお金が目減りしてきた、どうしよう」とお尻に火がついてきた時に、良いモデルがあれば、大勢の人たちが本物の投資のほうに行く。まさに「百聞は一見にしかず」だよ。

渡部　だけど、現在は、澤上さんはモデルをつくっていらっしゃるし、私たちもようやく動き出していますが、モデルをつくろうとする人たちがほとんどいないというのが問題ですね。

澤上　日本の金融界に、俺のところみたいに23年間まともに存在しているファンドなんて、ほとんどない。また、きちんとお金の出し手が納得する数字を出しているところも少ない。誰もまともな成功モデルを出していない。最近、M&Aやクラウドファンディングが出てきたけれども、まだ、おぼこい状態。そもそも競争がないし、それに勝ち残ったプレーヤーもいない。

渡部　本来は、銀行や証券会社出身の人たちがやるべきなんでしょうが、みんな給料がいいんですね。だからわざわざ会社をやめてまで、日本経済のために何か行動を起こそうなんて気が起きないいんですね。

澤上　それは競争がなくて、順ザヤできているから。本当に熾烈な競争があれば、智恵と工夫を重ねて生き残っていかなければいけないからね。競争が激しくてボーナスがしばらく出ないということも起こり得る。

ほかの業種では、最初は赤字でも、何年もかけて販売量を増やして黒字にするなんてやり方は、いくらでもある。しかし、金融業界はそういう生き残りを賭けた挑戦をしない。

渡部　確かに。

澤上　だから、銀行も保険もみんな給料は高いし、みんないいビルに入っているじゃない。あれは誰から稼いでいるかといえば、国民から稼いでいる。日本は金融業界に競争をさせなかったし、特に銀行や生保、そして郵便局は国策で育ててきたの。最近少しは厳しくなってきたけれども、まだ甘えている。銀行、郵便局は自分で苦労して飯を食ってきた経験がないわけよ。だから、この人たちに直接金融の話をしても、ピンと来ないし、やれと言っても無理。

経済の現場の中から、渡部さんや俺たちみたいなのが次々と出てこないかん。これがまだ少ない。だって、渡部さんたちも同じだと思うけど、「さわかみ投信」をやっていても、「何やってるの？」と言われるぐらいで、誰も「すごい」とは言ってくれない。

渡部　そもそも知らないですよ。

澤上　そういうこと。ウチなんかでも、23年平均して、6・15％（注・対談が行われたのが2022年12月末で、これは11月末現在の実績数字）の投資実績をあげているわけじゃない。けっこうすごいのよ。

でも、ウチのお客様は、日本人の中の1000人に一人なの。なんで100人に一人にならないのか。

だって、長期投資で圧倒的に実績を積み上げているのよ。もちろん営業をかけたら、もっと集まるのかもしれないけれども、営業は一切しない。「いずれ、わかるわい」で、じっと待っている。その姿勢は崩さない。

ただ、話を聞きに来た人には、こっちの長期投資に対する大義名分を言うのがいい。「生活を応援している」だとか、「そのために、経済の現場にお金をまわしている」だとか、「時には、あえて逆ザヤを取っている」とかね。そういった、大義名分は、みんなが直接金融や長期投資に移りだしてから言うといい。

みんなが動き出してからだと日本人は共感が早いと思うね。この本も、その一つの指針になればと願っている。

日本人は世界でも図抜けて優しい。だから生活者投資家を産む可能性が高い。

渡部　第一章で澤上さんは「生活者投資家」という概念を提唱されていましたが。

澤上　日本経済をダイナミックにするためには必要で、外国にはないけれども日本だったらやれそうなの。それがまた、日本株投資の面白さの一つでもあるわけ。

渡部　あらためて「生活者投資家」という概念について、お話をお聞きしたいのですが。

澤上　まったく新しい概念で、我々は「生活者投資家」を増やしていく方向で頑張っているわけ。「生活者投資家」という経済主体は、機関投資家に対するカウンターとして必要だと思っている。

要するに、ある企業の製品が好きなファンが株を持ち、その会社を株主としても応援していくという考え方。その人たちは、現在自分が好きな、その会社の経営が変わり、つまらない製品が出るようになると困ると思っているはず。それは、自分の好きな製品が買えなくなるから。その意味では、生活防衛でもあるわけ。自分の生活を守るために、機関投資家からの短期利益指向から、その会社を守り、応援していくのよ。

渡部　日本人は、アメリカがどうのと口では言っていても、結局、日本が好きですし、自分の地元も愛していますから、生活者投資家が増える可能性はありますよね。

澤上　それもあるし、もっと根本的なのは、日本人の優しさと共同体意識の高さ。この2つがベースにあるからこそ、生活者から見てずっと頑張ってもらいたい企業を、売上に貢献したり株主となったりして、10年20年と応援していける。それでもって、生活者に優しい潤いのある社会を応援企業と一緒につくっていける。

日本人は世界でも図抜けて優しい。向こうは、けっこうドライなんだ。自分さえ儲かればいい、とかね。日本人なら誰でも理解ができる「お互い様」とか「お陰様」というのが意外に通用しない。理解できない人が多い。生活者投資家と企業は「お陰様」でつながり、お互いを高めていく。

外国でも、すごく高いレベルの人たちは、こういったこともわかるよ。でも、多くの人たちはそんなことはどうでもいいの。自分さえ良ければと言うの、意外と。

渡部　昔の日本の地方では、知恵遅れの人を村中で世話をしていたりしましたよね。彼が村中の家を毎日、一軒一軒訪ね、村の人たちはそれぞれ10円とか20円をあげたりして、それがその人の一日の生活費になり、野菜を買ったりお肉を買ったりしていた。そういう弱い人を共同体意識で守っていく。そういう良さが日本にはありますね。

澤上　日本人は善意でそうする。海外は、なんでも仕組みにしちゃうからね。日本人は自然にできちゃうからね。日本人にはそういう優しさだとか思いやり、共同体意識の高さが、本来的に備わっている。

それをもっと大きくしていくと、生活者投資家という概念に行き着く。その概念が広がっていくと、日本経済はもっと面白くなる。

第七章

文化は最高の長期投資

国債のデフォルトは机の上での計算ではなくても、生き物である経済では別だ。

渡部　澤上さんは、国債がデフォルトすると思ったことはありますか？

澤上　ずっと思っている。デフォルトするに決まっているじゃない。

渡部　私たちも住宅ローンがありますが、家もあります。例えば、弊社の塾頭でトルコ出身のアナリスト、エミン・ユルマズは、「日本は1200兆円も国債を発行できるのがすごい」という言い方をします。「住宅ローンがあるけれども、家があるように、良い悪いは別にして、日本はバランスシートで資産はある。だから国債のデフォルトはない」と言っています。

澤上　あのね、それはスタティック・アナリシス、つまり現状分析では正しいんよ。けれども、もし国債が下がりだして暴落したら、みんな売るよね。国債などを売るという動きに加速がついたら、金利はあっという間に跳ね上がるよ。

渡部　そうですね。

澤上　金利が上がりだすと、それが経済の現場に押し寄せてくるわけよ。すると、ゼロ金利をベースに動いていた金融マーケットや経済活動の多くは、金利上昇の荒波で大混乱に陥る。株価や債券価格が値崩れを始め、企業倒産の続出で、日本経済全体が大きな資産デフレ状態に陥る。つまり、資産勘定は大きく目減りしたのに、借り入れ勘定はまるまる残った状態になる。

90年代に入ってのバブル崩壊で発生した減価、つまり、資産デフレ額は日本経済の2・2倍から3倍に達した。当時、それだけ巨額の資産価値が吹っ飛んだというわけよ。

渡部　これもある意味、取捨選択されていく。現在は価値がないにもかかわらず、値段がついているものの価値が剥げ落ちていくということですね。

澤上　日本は世界最大の債権国だから大丈夫と言う人もいるが、実際の数字から言うと、そんなにないんよ。海外債権は300兆円から400兆円。国の借金は、1200兆円。まず、ここで全然違う。それから個人資産が2000兆円あるということだが、その中に借金が380兆円。だから、実質は1600兆円。うち、600兆円ぐらいが生命保険と年金。だから、動かせるお金って意外にないわけ。

渡部　そうですね。

澤上　もっとも、数字で、机上の議論でいうと、何とかなると思うかもしれん。学者は、そっちを言うわけ。我々は経済は生き物だと思っているから。国債などが本当に暴落しだしたら、みんな売る。そしたら、どうするの？　誰が買うの？　買う人がいないんだよ。

渡部　なるほど。

澤上　となると、国はどうやって経済運営をするの？　もう既に１２００兆円を超す借金を抱えているうえに、金利上昇で国債発行は難しくなる。金利コストも跳ね上がる。そういった大混乱に直面すると、日本人は慌てて動き出す。意外に、その時には日本人は刹那的に動く。ヤバいよ。

渡部　すると、どうなりますか？

澤上　いま富裕層とかいっている個人などが相当に富を失くすよ。それと、預金を抱え込んでいた高齢者たちも、資産を大きく減らす。

もちろん、お金がすべて消えてなくなるわけではない。富裕層や高齢者たちが失った富は、別の誰かの手に移っていく。

渡部　戦後と同じだ。

国債がデフォルトした時も、いい会社の株式を持っている人が強い。

澤上　そういうこと。戦前、戦中に戦時国債を持った人たちはみんな、パーになっちゃった。だけど、戦後の混乱時、闇市や株式の売買は決済資金として自由にやれたので、にわか成り金や株成り金が続々と生まれた。富の持ち主が入れ替わったわけだ。両方とも個人資産なんよ。したがって、これから襲ってくる金利上昇の大混乱時も、我々のいう大義名分を理解して、長期投資をしていた人は、一緒に「良かったね」となる。国債が暴落して、国の財政運営に黄信号が灯っても、例えばしっかりした経営のトヨタの企業価値は変わらないよ。だから国債がデフォルトした時も、いい会社の株式を持っている人が強いの。

それに金融バブル崩壊で経済が大変なことになった場合、銀行などの経営が厳しくなったり、最悪の場合は破綻したりすることもあり得る。銀行の経営が厳しくなった場合は、預金などは「資産性の資金」ということで、毎月の生活に必要な額までというような払い戻し制限を受けることもあり得る。破綻の場合は、ペイオフで確実に保証されているのは1000万円まで。

ところが、証券会社に預けてある株式投資用の資金やその売却代金は、「決済性の資金」と位置づけられる。決済性の資金とは、経済を動かすための資金で、当然どんなときでも経済は動かす必要があり、払い戻し制限はない。また、証券会社に預けてある資金は証券保管管理機構（ホフリ）を通して、日証金信託銀行に信託財産として分別管理される。要するに、危機の時には証券会社にお金を預けておくのが安全なわけ。

それからもう一つ話したいのは、実はあまり言ったことはなかったけれども、俺は日本でのプライベート・バンキング・ビジネスの創設者なの。なにしろ、1979年からやっているのだから、ピクテの日本代表としてね。

当時はまだ、〝プライベート・バンキング〟というカタカナを誰も理解できなかったわけ。だから、〝富裕層に対する特別サービス〟とか、いろいろな表現を考えたわけ。

日本のお金持ちには素敵な人もいっぱいいたけど、世代替わり時に大きな幻滅を味わうことになった。例えば、「あとをよろしく頼むよ」と言われる彼らの子供たちにはウンザリさせられた。親は苦労して頑張って上がってきたけれども、子供は苦労知らずでね。

ピクテのプライベート・バンキングでは、俺と秘書の2人で数字は言えないが、すごく巨額の預かり資産をつくっちゃったの。1％の報酬としても商売としてはめちゃくちゃ儲かった。ただ、あまりにウンザリさせられることが多かったので、日本におけるプライベート・バンキング・ビジネスがアホらしくなった。それもピクテを辞めた理由の一つなの。だから、国債がデフォルトしたり、ガラガラポンが来た時は、ふわっとして何も考えていない資産家とかの資産は吹っ飛ぶわけ。

だけど、経済は動いているから、前向きで逞しい人には、チャンス到来。本当に生命力のある人たちが、一気に出てくる。

昔から「不況の効用」という言葉がある。いつの危機の時でも、本当に実力のある企業や人が見えてくる。資本も労働力も、そっちに移る。新しい日本経済の姿が見えてくる。『会社四季報』の中身も、がらっと変わるかもしれない。現在、ぼやっとしている企業で駄目になるところもあるだろうし、一念発起して強くなるところもある。何もできないところは、もう首が回らなくなる。だから、本気でやるか、駄目になるか、企業が試される。

渡部　おっしゃるとおりですね。

澤上　戦後に、前にお話をした西山彌太郎社長みたいな経営者がぞろぞろ出てきた。年寄りはもう無理だけど、若い人で、そんな経営者が出てきたら、面白い経済になると思う。

ガラガラポンが起こるのは、実は2025年？ その根拠は？

渡部　ここにいる編集の人が、「ガラガラポンはいつ頃か？　いつ来てもおかしくないのか、10年、20年後でもおかしくない状態なのか」と訊いています。

澤上　いや、10年とか、無理、無理、無理。そこまでは、到底もたないよ。金利が上がりだしてるから、これからは国債もそう簡単には発行できない。財政面も厳しいし、国や日銀の打てる手は、どんどん限られてきている。一つひとつが、もろくなっているんよ。

渡部　私はガラガラポンが起こるのは、実は２０２５年ではという気がします。

澤上　そのくらいかもしれないね。

渡部　理由は、いくつかあります。いろいろなスピリチュアル的なこともあるのですが。

一つは、私は西暦一桁の例えば、２０１５年とか２００５年の市場の当落を全部調べています。それで、末尾が５の年だけは１００％上がっているんですよ。戦前の相場も、東株の修正値を使って調べましたが、一度も下がっていません。

だから、まさに初めて下がるとなると、明治維新から１５０年で初めてとなる。つまり、先ほど澤上さんが述べられた、明治からの間接金融ががらっとそこで変わるみたいなことの象徴になるのではと考えます。あとはスピリチュアル的なことでいえば、たつき諒（『私が見た未来』の著者。東日本大震災を予言した）などの預言者たちの多くにとって、２０２５年がキーになっているんです。サイクル的に大きなことが起こるような気がします。

ガラガラポンを待たずに、いいと思った株はいますぐ買え！

渡部　また、編集の人が「生活防衛のために株を買うとしたら、ガラガラポンの時がいいのか、今すぐにでも買っておくのがいいのか」と訊いていています。

澤上　今すぐに買え、だよ。なぜかというと、生活者にとって大事な会社の株価は、この金融緩和バブルの最中にあっても、意外に上がっていないんよ。

個別銘柄で見ると、逆に徐々に下がっているところもある。上がっていないということは、あまり買われていないから、売り物もなく、バブル崩壊の大暴落となっても、そう下がらないんよ。若干下がっても、いいやと持っていればいい。潰れっこないんだから。だから、今買ってかまわないんよ。今から、どんどん買ってかまわない企業がけっこうある。ガラガラポンの時に買う銘柄はまた別にあるが……。

渡部　編集の人が「やはり、トヨタが安全か？」と訊いていますが。

澤上　トヨタみたいにすごい会社でなくてもいいわけ。トヨタの株価も早く戻すかもしれないけれども、すでに買われているから、下げることは下げる。

もっと地味な会社でいいわけ。先ほども言ったように、地味な会社はそれほど買われていないから、売りもあまり出ない。だから今から買っておいていいし、暴落時に下がってもすぐに戻すだろう。そういう株を、渡部さんたちは『会社四季報』で探す。これはこれで、一つの方法でいい。だけど、我々はもっと気楽にやっている。もっと身近なところの企業よ。「潰れなきゃいいんだ」ぐらいの考えでね。

なぜ、「さわかみ投信」は、文化に投資し続けるのか？それは、文化は最大の長期投資だから。

渡部　「さわかみ投信」では、現在、平城京跡や姫路城、清水寺、二条城でのオペラ公演など、新しい文化イベントをつくられています。それはどうしてですか？

澤上　だって、文化というのは最大の長期投資なのよ。これは本当にそうなの。

例えばオリエンタルランドにディズニーのお城があるじゃない。きれいな夢みたいなお城。あのお城のモデルになったのが、ドイツ・バイエルンにあるノイシュヴァンシュタイン城なの。これをつくったのはルードヴィヒ2世。「狂王」と言われていた。国民にとって最悪の王様だった。結局、彼は2メートル近い大男だったのに、1メートル20センチの湖で溺死したわけよ。あり得ない。理由はわからないんだけど、40歳で死んじゃったわけ。だけど、彼はノイシュヴァンシュタイン城をつくり、有名な音楽家ワーグナーを育てたわけ。ドイツでは、ノイシュヴァンシュタイン城やロマンティック街道、ミュンヘンは、毎年兆単位の観光収入を稼ぐわけ。

渡部　結果、大きな功績を残したわけですね。

澤上　多い年は5兆円。百何十年経っても、毎年よ。

これはもう、すごい長期投資だよね。もっとすごいのはフィレンツェ。フィレンツェではよく知られているように、メディチ家。コジモ・デ・メディチ。彼がすごいのは、メディチ家は当時世界最大の商人で、たっぷりと金を稼いで、それでもって、ミケランジェロやラファエロ、ボッティチェッリ、ダ・ヴィンチ、みんな育てたわけね。

彼が金をうんとつかってフィレンツェは栄えたんだけれども、そのために画材商などの商工業者もお陰様で儲かった。だから、彼らは「俺たちも何かしないといけない」とみんなでお金を出し合って、つくったのがドゥオーモ。みんなでつくり、それを皮切りに、フィレンツェのあちこちで立派な建造物を次々と建てていった。それでもって、華の都、フィレンツェが生まれたわけ。そして600年以上経った今でも、ものすごい観光客を呼んでいるわけ。600年続く長期投資なんよ。すごいよね。

渡部　本物の長期投資には夢とロマンがあるということですね。

澤上　文化はすごい産業、長期投資。

渡部　「さわかみ投信」でもさまざまな文化事業をされているそうですが、その一つである徳島のオペラの話を聞かせてください。

澤上　文化は一番の長期投資だと思っているから、いろいろなことをやっているわけ。

もともと俺は、30年以上前から地域経済活性化のお手伝いをしてきている。基本は、「地元の人間が動いて、自分たちのお金をつかえ」で、誘致とか他人のお金は当てにしない。自助自立の精神で自分たちの地元を元気にさせるのだ、そう、ずっと唱えてきた。

誘致とか言い出すと、他人のお金に頼る甘えが出てくる。それでは永続的な地域社会の活性化にはつながっていかない。それで、「地元愛にあふれた人間がまずは動き出せ、そして自分たちのお金をつかえ」というのが俺の主張。それだけで地元経済は動き出す。その動きをどんどん高めていけば、自然に多くの人を巻き込める。

そういった俺の提案に、多くの地域が乗って全国各地で自助自立の地元活性化活動が高まってきている。それらの一番先頭を走っているのが徳島なんよ。

渡部　徳島の企業の社長から、澤上さんが徳島に来られる話をよく聞きます。

澤上　徳島も最初は地域活性化で、いろいろ手伝っていた。一番本気で情熱の固まりが、先ほども紹介した地元の証券会社の社長。

「地元を元気にさせるには、地元の人々に儲けてもらう証券会社にならないといけんね」と言って、それまでの商売を180度転換させてしまった。

つまり、手数料稼ぎの商品取り扱いは全面ストップさせ、長期の株式投資オンリーの証券会社に一変させた。結果、6年間ずっと赤字だが、意気軒高で頑張っている。
ある時、彼が「澤上さんのところ、オペラをやっていますね。徳島でもできますか？」と言ってきた。「できるよ。やるんか？」と訊いたら、「やってみたいで」と。それで２０１７年の12月に結婚式場を借りて、２１０人に来てもらってやった。「みんな、ビシッと一張羅《いっちょうら》で来いよ。せっかくだから」と。みんな会費を払って来るんだけど、どうせなら目一杯お金をつかえと。そしたらみんなね、タキシードとか着物とかで来た。俺だけ背広でちょっとカッコ悪かった。

渡部　あはは。

澤上　みんな、レベルの高い方向でお金をつかう面白みを知ってね、それで「また来年もやりましょう」「やるやる」となった。それで2年もやったら、オペラコンサートを観客席で楽しんでいた人たちが、「私たちも、合唱とかで舞台に上がりたくなりました」と言う。「おお、いいじゃないか。やれよ」と答えた。けれども、俺のところは音楽レベルは絶対に妥協しない。したがって、舞台に上がるのは大歓迎だけれども、一年間、特訓するぞと。特訓して舞台に上がれと。「年の前半は月に1回、後半は月に2回、うちから専門家を送り込むから、彼について特訓だ！」と。彼ら彼女らは「やります！」と答え、本気でやり始めた。それまで素人だったのに、一年間の特訓で、レベルがすごく上がったのよ。「おお！

私たちできちゃった！」と言って、充実感が湧いていく。達成感があり、またやりたくなる。

渡部　すごいですね。

澤上　3年目、4年目もますます盛り上がって特訓に励んだ。それもあって、レベルはどんどん上がっていった。合唱団に参加する人たちはどんどん増え、100人近くになってきた。

そしたら、「バレエもやりたい」と言うから、「やれ！　やれ！」だ。そして特訓。こんな盛り上がりで、みんな毎月なんだかんだと、お金をつかうからね。一つのイベントのために、一年間、つくり込みをしていくわけよ。こんなふうに、みんながお金をつかうことにより、地域は活性化して元気になっていくわけよ。そういう流れが、徳島では「もう止まらない」といった勢いとなってきているわけ。昨年の12月の本舞台でも、100人ちょっとが、プロのオペラ歌手に混じって素晴らしい舞台をつくってくれた。これが、主催している自分が驚くぐらい、立派にできているわけ。びっくりするぐらいうまくできていた。

渡部　これも長期投資なんですね。

澤上　やっている人たちも楽しくなってくるし、見る人たちも楽しくなる。知り合いがいっぱい出ているからね。みんなが楽しみながら、お金をつかう。遊びじゃなく、本気でやる。そうすると、地域が活性化する。これが文化であり、長期投資の醍醐味なんよ。

おわりに

《渡部清二》

このたび、かや書房の岩尾悟志社長からお声がけいただき、さわかみグループの澤上篤人代表との対談企画が実現いたしました。

澤上さんとの対談を終えて痛感したのは、この金融という世界の中に、「澤上さん」という、こんなにも偉大な大先輩がいたことを知った衝撃と、今までそれに気づかなかった私の未熟さです。

澤上さんは運用の世界では、言わずと知れた大重鎮ですので、当然、お名前もお顔も存じ上げていましたが、こんなに凄い方とは知りませんでした。

欲望がうずまく金融の世界で、澤上さんは私利私欲に走らず、決して軸がぶれることなく、心の底から世のため、人のためを思い、熱い純粋な気持ちで投資に取り組んで結果を出している「本物」の方だと思いました。

私はこれまで30年以上、金融業界に携わってきましたが、こんなに素晴らしくて尊敬できる方にお目にかかったのは、初めてかもしれません。

そのような方と、今回4回にわたる対談をさせていただきました。

最後はワインを酌《く》み交わしながら議論できるほどの関係になれた「ご縁」に、心から感謝しています。


実は2009年ごろ、私が野村證券機関投資家営業部に在籍していた時、部下が「さわかみ投信」の営業を担当していて、セールスの上司として澤上さんを表敬訪問したことがあります。

当時は、澤上さんの理念や生き方には全く関心がなく、単なる一人の顧客としか見ていなかったこともあり、大変失礼ながら、「こちらから挨拶に行ったのに、まったく愛想のない方だな」ぐらいにしか思っていませんでした。

そのため、今回の対談で澤上さんのお人柄や凄さを知って、当時をとても恥ずかしく感じています。


「さわかみ投信」の本当の凄さは、私が野村證券を退社して「複眼経済塾」を創業し、ようやく軌道に乗り始めた頃から、折に触れて感じるようになりました。

というのも、一般の事業をしている方にはわかりにくいのですが、金融という業種はとても特殊な面があり、新しいことを始めるのが難しい業種であることを、独立して痛感したからです。

金融は、監督官庁が厳しく監視する「規制業種」であり、細かい法律や規制などが多く、それをクリアするためには莫大なコストがかかる構造になっています。

特に資産運用関連では、商品が「お金」であることや、「損するかもしれない」というリスクがあるため、高い倫理観とコンプライアンス意識が求められます。

しかし一方で、そのことに真面目に取り組めば取り組むほど、顧客の獲得が非常に難しくなり、事業の黒字化に時間がかかる傾向にあります。

このような難しさは、私が野村證券という大企業に在籍している時にはまったく感じませんでしたが、「複眼経済塾」という小さな事業で自立してみて、初めて実感しました。

そのような厳しい環境の中で、これまでになかったモデルの「さわかみ投信」という新境地を切り拓いた澤上さんには、本当に敬服いたします。

「さわかみ投信」の特長は、①個人投資家に特化、②公募投信、③証券会社など販売店を通さない直販、④しかも営業をしない、ということです。この方針で、この規模まで成長しているのは、日本では「さわかみ投信」だけだと思います。

創業から20年余りで比類なき存在になったという事実が、改めて初志を貫徹することの難しさや卓越した凄みを証明していると思います。

今回の対談で最も印象に残ったのは、対談冒頭で澤上さんがおっしゃった、「私は投資家ではなく事業家なんだ」という言葉でした。

本人の財産を増やすことには全く興味はないようで、その代わり、お客様本位の商品設計に全力で取り組まれていますし、世の中をワクワクさせる事業に対してはいくらでもお金を注いでもよいとのことでした。

実際、オペラなどの文化事業に、惜しみなく資金を投じているお姿を拝見すると、澤上さんは本気だと感じます。

日本には個人金融資産だけでも2000兆円以上あります。

もし日本国民が少しでも日本企業に関心を持ち、金融資産の1%（20兆円）だけでも日本株を買って資金をシフトさせれば、日経平均が最高値を更新することは容易でしょうし、仮に10%（200兆円）でもシフトすれば日経平均が10万円を超えることも夢ではありません。

このような未来を実現するには、リスクマネーを株式市場に引き込むことが必要ですが、その仲介者として人々に訴えていく役目を担うのが、銀行などの間接金融でなく、直接、事業会社（企業）に資金を届ける直接金融です。

ただ、この直接金融の世界においても、巨大な個人金融資産を目の前に、自らの利益を優先する「利己」の業者が多いのが現実であり、本来は、自分だけではなく世の中を良くしたいという「利他」の意志を強く持ち、行動することが重要です。

規制や既得権益など硬い岩盤があり、それを打ち砕くのは容易ではないことは重々承知していますが、今回の企画を通じて、それを「さわかみ投信」と「複眼経済塾」で成し遂げたいと決意を新たにしました。

澤上さんは、「5回ぐらい死ぬ気でやれ！」「俺はまだまだ先に突き進んでいくよ」とおっしゃいました。

そのような未来を目指して、私も負けずに貢献していきたいと強く思います。

明るく輝く未来の日本に向けて頑張っていきましょう。

渡部清二

澤上篤人

×

渡部清二

※図表は許諾を得て掲載しています。無断での複写・転載を禁じます。
本書は著者の株式投資への考え方や方法を説明したものです。
投資は自己責任に基づき、ご自身で判断をお願いします。

本物の長期投資でいこう！ 40年に一度の大チャンスがやってくる

2023年3月7日　第1刷発行

著　者　澤上篤人　渡部清二

アドバイザー　小笹俊一
発行人　岩尾悟志
発行所　株式会社かや書房
〒 162-0805
東京都新宿区矢来町 113　神楽坂升本ビル 3 F
電話　03-5225-3732（営業部）
印刷・製本　中央精版印刷株式会社

ISBN978-4-910364-27-8 C0033